唯物論と現代

2021.10　No.64

特集　ヘーゲル、ベートーヴェン生誕 250 年
エンゲルス生誕 200 年

特集　ヘーゲル、ベートーヴェン生誕二五〇年、エンゲルス生誕二〇〇年

ヘーゲル哲学とエンゲルス

牧野広義

二〇二〇年は、ヘーゲル（一七七〇年～一八三一年）の生誕二五〇年であり、エンゲルス（一八二〇年～一八九五年）の生誕二〇〇年であった。小論では、ヘーゲル哲学とエンゲルスとの関係について論じたい。従来、ヘーゲルとマルクスとの関係に比べて、ヘーゲルとエンゲルスとの関係が論じられることは少なかった。しかし、ヘーゲル哲学とエンゲルスとの関係を見ることは、ヘーゲルとマルクスとの関係、マルクスとエンゲルスとの関係を考える上でも参考になると思われる。

以下では、思考と存在の関係をめぐる「哲学の根本問題」、弁証法的方法と体系の問題、市民社会における富と貧困の問題を中心に考えたい。

一　近代哲学の大問題と、哲学の根本問題

1．「客観性に対する思想の三つの態度」とヘーゲル

ヘーゲルは、『哲学的諸学問のエンチュクロペディ』第一版（一八一七年）ではまだ十分に論じなかった「客観性に対する思想の三つの態度」をその第二版（一八二七年）および第三版（一八三〇年）[1]で詳細に論じた。まずその内容を見ておきたい。

ヘーゲル論理学は「客観的思想」を対象とする。ヘーゲルにとって「客観的思想」とは、「思想」が世界の本質を認識するとともに、「思想」が世界の本質として存在するという意味がある。これがヘーゲルの「客観的観念論」で

ある。このような「客観的思想」をめぐって、哲学的立場の対立が現れる。このことについてヘーゲルは次のように言う。

「客観的思想という表現は、一般に直ちに一つの対立を示す。しかもその対立の規定と妥当性をめぐって、現在の哲学的立場の関心が転回しており、そして真理とその認識をめぐる問題が転回しているのである」（§二五）。

「客観的思想」の問題は、哲学的立場の対立や関心の回転軸となっているのである。そこで、彼は近代哲学の流れを「客観性に対する思想の三つの態度」としてまとめた。それは、第一に「旧形而上学」（デカルト、スピノザ、ライプニッツ、ヴォルフら）であり、第二に「経験論と批判哲学」（ロック、ヒューム、カントら）であり、第三に「直接知」（ヤコービら）である。

「客観に対する思想の第一の態度」は、「熟考によって真理が認識され、客観が真に何であるかが意識にもたらされるという信念」（§二六）である。その典型は、カント以前の「旧形而上学」である。この形而上学は、「理性の対象についての単なる悟性の見解」（§二七）である。この形而上学は、「思考諸規定を事物の根本諸規定」と考えた。しかし旧形而上学は、「悟性諸規定をその固有の内容と価値に関して吟味することもなく、絶対者に述語を与えることによってそれを規定するという形式を吟味することもなかった」（§二八）。こうしたカテゴリーの無批判的な使用が、根本的な欠陥であった。この形而上学は、主語の表象を基準として、対立する両カテゴリーの一方だけが真であり、他方は偽であるとした。ここから、形而上学は「独断論」となった（§三二）。そのために、カントによって厳しく批判されることになったのである。

「客観性に対する思想の第二の態度」は、経験論と批判哲学である。

まず、「経験論」は、経験こそが具体的な内容を与え、また経験によって有限な領域のすべてが証明できると考える。こうして、「経験論には、真理は現実の中にあり、かつ知覚にとって現存するものでなければならない、という大原則がある」（§三八）。しかし、経験論には次のような「根本的な欺瞞」がある。すなわち、経験論は、「物質、力、さらに一、多、普遍性、無限などの形而上学的なカテゴリー」を使用しながら、これらのカテゴリーをまったく無批判的に使用している（同）。ここから経験論は難問に突きあたる。すなわち、「経験は、確かに多くの数え切れないほど多くの同様の知覚を示す。しかし普遍性と多数とはまったく異なるものである」。また、「経験は、相互に継起する諸変化、あるいは並存する対象の知覚は与えるが、必然性の連関は与えない」（§三九）。こうして、経験論は厳密な普遍性や必然性は認識できないとする「懐疑論」にならざるをえない。

カントの「批判哲学」は、経験から出発しながらも、経験に先立つア・プリオリな「思考の自発性」によって、「普遍性と必然性」を認識できると主張する。カントは、「思考諸規定ないし悟性概念〔カテゴリー〕が、経験的認識の客観性を構成する」（§四〇）と言う。カントによれば、認識の「客観」そのものがカテゴリーによって成立し、カテゴリーが認識の普遍性と必然性的を与えるのである。ここでは、認識の「客観性」が思考の「主観性」によって根拠づけられる。ヘーゲルはこの主張を「主観的観念論」と呼ぶ（§四六）。

ここからまたカントでは、意識と対立した「物自体」が残り、「物自体」は不可知であることになる。ヘーゲルは、「物自体」とは「ある対象から、対象が意識に対してあるすべてのものを、すなわち対象についてのすべての感覚規定およびすべての規定された思想を、捨象してしまった限りでの対象」であり、「全くの抽象物、全くの空虚」であり、「蒸留の残滓」であると言う。この意味で、「物自体とは何であるかを知るほど容易なことはない」（§四四）とされる。

批判哲学はさらに、魂、世界、神を論じた「形而上学」を批判する。ここで特に重要なのは、「理性はアンチノミーに陥る」（§四八）ということである。ヘーゲルは、「悟性諸規定によって理性的なものに定立された矛盾は、本質的で必然的であるという思想は、近代哲学の最も重要で、最も深い進歩の一つと見なされる」と評価する。しかしカントによるアンチノミーの解決は、「矛盾という欠陥は、世界にはなく、ただ思考する理性に、精神の本質に属する」という「陳腐なものである」（§四八）と批判する。

また、批判哲学において重要なのは、実践理性における「意志の自律」である。しかしカントの実践理性の法則は形式的なものであり、単なる「当為（Sollen）」にすぎない。さらにカントは、判断力批判として、芸術美と生命的有機体を論じた。しかしカントによれば、それらは反省的判断力が主観的にとらえたものにすぎない。ヘーゲルは「世界の究極目的」の理念を掲げながら、「究極目的の現実的な実現に対して、概念と実在性との分離に固執するという逃げ道」は「思想の怠惰」である（§五五）と批判する。

以上のような批判哲学との対決とその克服がヘーゲル自身の課題となるのである。

「客観性に対する第三の態度」は、ヤコービの「直接知」の立場である。「直接知」によれば、思考の諸カテゴリーは「制限された諸規定であり、制約されたもの、依存的なもの、媒介されたものの形式」（§六二）である。特殊的なものとしての知、制約された知、媒介された知としての思考は、神のような普遍的なもの、無制約なものを把握できない。そこで、この立場では「理性とは、直接知であり、信仰である」（§六三）とされる。しかしながら、この立場は「直接知」と「媒介された知」とを切り離し、媒介を排除する点で、「形而上学的悟性への逆もどりであり、そのあれか・これかへの逆戻り」である（§六五）。学問に精通した人や人生経験豊かな人、芸術に熟達した人にとっては直ちに現前する「直接知」も、複雑な分析や多くの熟考と経験や訓練によって媒介されている。「知の直接性は知の媒介を排除しないばかりか、直接知は媒介知の産物であり成果である、という仕方で直接性と媒介とは結びついている」（§六六）。結局のところ、直接知は、「想像と断言という粗野な恣意に身を委ね、道徳的うぬぼれ、感覚の高慢、節度のない意見と悟性的推理に身を委ねる」（§七七）。これが、直接知に対するヘーゲルの批判である。

以上のような「客観性に対する思想の三つの態度」の検討によって、ヘーゲルは、旧形而上学も、経験論も批判哲学も、直接知をも乗り越える「形而上学」を、「論理学」として提示するという自らの課題を示すのである。

ヘーゲルの問題意識は、彼が『エンチュクロペディ』の第三版の「論理学」をテキストとして使って行った『論理学講義一八三一年』[2]にもよく表現されている。ヘーゲルは、「客観性に対する思想の三つの態度」において問題となる「思考と存在との対立」とその「統一」が、「とりわけ私たちの時代の関心が取り組んでいる、哲学の大問題（die große Frage der Philosophie）」（二二頁）であり、「今日の時代の関心」（九一頁）であると言う。

この講義録は、ベルリン大学の学生であったヘーゲルの長男のカール・ヘーゲルが筆記し、製本して所有していたものである。したがって、エンゲルスはこれを目にすることはできなかった。しかし、ヘーゲルの言う「近代哲学の大問題」という問題意識は、エンゲルスの「とりわけ近代哲学の、大きな根本問題」という主張に結びつくのである。

2. エンゲルスの「哲学の根本問題」の定式

エンゲルスは『ルートヴィヒ・フォイエルバッハと哲学の終結』(一八八八年)[3]において、「哲学の根本問題」を次のように定式化した。

「すべての哲学の、とくに近代の哲学の、大きな根本問題は、思考と存在との関係にかんする問題である」(三〇頁)。

この問題は「存在に対する思考の関係、自然に対する精神の関係という問題、すなわち哲学全体の最高の問題」(三二頁)とも言い換えられる。そしてエンゲルスは言う。

「この問題にどう答えるかによって、哲学者たちは二つの大きな陣営に分裂した。自然に対する精神の根源性を主張し、それゆえなんらかの仕方の世界創造を認める人々は——そしてこの創造は、哲学の場合は、例えばヘーゲルの場合のように、キリスト教よりもはるかに錯綜し、あり得ないものになるが——観念論の陣営を形成した。自然を根源的なものと見た人々は、唯物論のさまざまな学派に属する」(三二頁)。

エンゲルスのこの論文は、もともと、C・N・シュタルケ『ルートヴィヒ・フォイエルバッハ』[4]の書評として執筆されたものである。シュタルケは、その本の「序文」で近代哲学史におけるフォイエルバッハの位置づけを行った。それは、①デカルトからライプニッツにいたる観念論と、②ロックらの経験論とカント哲学が述べられ、ここでは、「客観的現象と主観的現象との相互の一致の可能性、すなわち概念的把握が根本問題(Grundproblem)になる」(S.9)とされる。③フィヒテからヘーゲルに至る観念論では、「ヘーゲルは、自然の存在とわれわれの思考とはいかにして同一でありうるかという形而上学問題を定式化したにすぎず、その解決には至らない」(S.17)とされる。その上で④フォイエルバッハが位置づけられる。シュタルケのこの議論は、明らかにヘーゲルの『エンチュクロペディ』における「客観性に対する思想の三つの態度」を基礎にしたものである。しかし、それは近代哲学の「根本問題」としては、曖昧な規定である。またシュタルケは、理想主義を観念論だと言い、物欲主義を唯物論だとも言う。そこで、エンゲルスは、シュタルケの曖昧な議論や誤った議論を批判して、「哲学の根本問題」を定式化したのである。

エンゲルスは、「哲学の根本問題」の起源として、古代人が死とは肉体から霊魂が抜け出してしまうことだと考えて、肉体は滅んでも霊魂は不死だと信じたことや、原始宗教では、自然の諸力を擬人化して、それを神々として崇拝したこと、そしてその後、しだいに超自然的な神が想定されて、唯一神による世界創造が主張されたことを述べている。さらに、中世のスコラ哲学では、神が世界を創造したのか、それとも世界は永遠の昔から存在しているのかという対立にもなったと言う。しかし、「この問題が十分な鋭さで提起され、その完全な意義を獲得したのは、ヨーロッパの人間がキリスト教の中世の長い冬眠から覚めたときである」（三二頁）として、これを「すべての哲学の、とくに近代の哲学の大きな根本問題」であるとまとめたのである。

この点で、エンゲルス自身は述べていないが、古代ギリシアのプラトンと近代哲学におけるヘーゲルによる観念論と唯物論との対立の定式化を確認しておきたい。

西洋哲学は、古代ギリシアのタレスが「万物の根源は水である」と言ったことから始まるとされる。タレスは、多様な世界を統一的に説明する原理として「水」を主張した。その後も「万物の根源」をめぐる論争が続き、デモクリトスらは「万物の根源」は「アトム」（原子）であると主張した。これが古代ギリシアにおける「唯物論」の主張である。

他方で、プラトンは、世界の根源は「イデア」であると主張した。それは、すべての物質の模範や原型となる観念的な存在である。彼は、このようなイデアをもとにして制作神（デミウルゴス）が世界を創造したと主張した。これが古代ギリシアの「観念論」の代表である。プラトンは、観念論と唯物論との論争を、古代ギリシア神話の「神々と巨人族との戦い」にたとえた。神々の側である観念論と、巨人族の側の唯物論とが、万物の根源である「実在」をめぐる戦いをしているというのである。[5] これが古代ギリシアにおける「哲学の根本問題」である。

そして、エンゲルスが、「とくに近代の哲学の大きな根本問題」と言うとき、ヘーゲルの『哲学史講義』[6]における近代哲学への「序文」をも念頭においていたと思われる。そこでヘーゲルは、近代哲学は「思考と存在との対立」をもっていると言う。そして「この思考と存在との統一をもたらし、思考し、概念的に把握する道は二通りある」とされる。それは、「経験が第一の方向であり、思考から内的なものから出発する哲学が第二の方向である。したがって、哲学はこの対立を解決する二つの主要形態に分離する。すなわち、実在論的哲学と観念的哲学である」（下巻の2、八頁）。エンゲルスが「哲学の根本問題」の定式において、「思考と存在との関係にかんする問題」としたのは、このようなヘーゲルの議論を踏まえてであると考えられる。

エンゲルスはまた、「哲学の根本問題」のもう一つの側面として、現実世界の認識可能性の問題を取りあげている。それは、「われわれの思考は現実の世界を認識することができるか」(三三頁)という問題である。唯物論者は、経験と理論をもとにして世界は認識できると主張する。ヘーゲルのような観念論者も「思考と存在の同一性」を主張する。つまり、ヘーゲルは「絶対的理念」によって自然も人間も創造されたものであるから、「絶対的理念」の認識によって世界の本質が認識できると主張する。

他方で、イギリスのヒュームは、人間にとっては感覚の「印象」だけが確実であって、感覚が示す物の存在も本質も知りえないと主張した。カントは、「物自体」は存在し、人間の感覚を触発するが、しかし「物」の認識は人間の感性と悟性によって構成された「現象」であり、「物自体」は認識しえないと主張した。

エンゲルスは、このような不可知論に対するもっとも痛烈な反駁は「実践、すなわち実験と産業である」(三五頁)と言う。例えば、一九世紀ドイツの化学者は、アカネ草の色素アリザリンの分子構造を明らかにして、それをコールタールから人工的に合成した。これによってドイツの化学産業は大きく発展した。つまり、実験や観察による実践が理論の真理性を証明するのであり、産業はそれを日々検証しているのである。この問題は「哲学の根本問題」の第二の側面として重要な意味をもつのである。

このように、「哲学の根本問題」は、それぞれの時代の現実的背景をもちながら、唯物論と観念論との相互の批判と論争によって展開されてきたのである。

二 弁証法的方法と哲学体系

ヘーゲル哲学とエンゲルスとの関係において、弁証法的方法と哲学体系の問題を考えておきたい。

1. ヘーゲルにおける方法と体系

ヘーゲルは『大論理学』[7]の最終章である「絶対的理念」において、論理学全体を総括し、学問の方法と体系を論じた。まず「絶対的方法」が論じられる。

ヘーゲルにとって「方法」とは、単に認識の道具や手段を意味するものではなく、主観的でありかつ客観的な概念(カテゴリー)の自己運動の普遍的な形式である。「理念の普遍性によれば、方法は、認識の様式、すなわち主観的に自己を知る概念の様式であるとともに、客観的な様式であり、あるいはむしろ物の実体性である」(下、三六〇頁)。これが「絶対的方法」である。「絶対的方法は、それ自身が対象の内在的な原理であり、魂である」(下、三六五頁)。この方法は、「始元」、「弁証法的契機」、「結果」という三契機をもつ。

第一の契機である「始元」は、直接的で抽象的普遍である。始元はさらに進んで規定され、媒介されなければならない。始元はそれ自身の中に、その進行と展開の全内容を即自的に含んでいる。始元からの進行は、始元に即自的に含まれているものを対自的にし、その諸規定を定立する。その意味では、方法は「分析的」である。しかし同時に、その進行の過程で、始元の単純で直接的な普遍性が媒介され、より具体的な規定を獲得する、その意味では、方法は「総合的」である。このような分析的かつ総合的な方法によって、始元は弁証法的になる。

第二の「弁証法的契機」は、否定的な規定であり、媒介された規定であり、また媒介する規定である。それは、第一のものの他者を定立する。「この規定は自己の固有の他者を自己自身の中に含んでおり、そのことによって矛盾として、その規定そのものの定立された弁証法である」(下、三七二頁)。こうして、弁証法的契機は核心として、矛盾が定立される。この弁証法的契機は二つの意義をもつ。一つは、第一のものが即自的にもっている区別を定立し、それをさらに矛盾にまで先鋭化させることである。もう一つは、第二のものの中に含まれている対立や矛盾からその統一を定立することである。この第二の弁証法的契機において、「矛盾」が示す否定性が、「概念の運動の転換点」をなす。「この否定性は否定的な自己関係の単純な一点であり、すべての活動の最も内的な源泉であり、生命的な自己運動と精神的な自己運動との最も内的な源泉であり、弁証法的な魂である。すべての真なるものはこの弁証法的魂をそれ自身においてもち、またそれによってのみ真なるものなのである」(下、三七三頁)。つまり、弁証法的な矛盾は、第一の契機の否定性を示すとともに、第二の契機の中から動的な統一を確立し、第三の契機である「結果」へと導く「転換点」であり、「自己運動の源泉」なのであり、「弁証法的な魂」である。

第三の契機は「結果」である。「第三のものは、直接的なものであるが、しかし媒介の止揚による直接的なものであり、区別の止揚による単純なもの、否定的なものの止揚による肯定的なものである。それは次のような概念である。

すなわち他在を通じて自己を実在化し、この実在性の止揚を通じて自己と合致し、その絶対的な実在性を、その単純な自己との関係をうち立てた概念である。この結果は、したがって真理である」（下、三七五頁）。この第三のものは、第一の直接性と第二の媒介性との統一であるが、しかし静止したものではない。この統一は、「自己と自己自身と媒介する運動であり活動」である（下、三七六頁）。そしてこの第三のものは、直接性の回復であり単純な規定の回復として、再び新しい進行の始元となる。

このような「方法」によって「体系」が形成される。方法の第一の契機である「始元」から第二の契機である「弁証法」へ、そして第三の契機である「結果」への進展は、それ自身が「体系」の形成である。しかも、ヘーゲルは、方法による論理の「前進」は同時に「後退」であると言う。「無規定的な始元から遠ざかって行く進行の一歩一歩は、またこの始元への漸次的な後退でもあり、したがって最初は異なるように見える、始元の後退的な基礎付けと、その漸進的な規定の進行とは相互に合致し、同一のものである」（下、三八一頁）。つまり、始元からの前進は、その前進の妥当性を根拠づける後退なのである。したがって、この方法は「円環」をなす。それは、円環としての「体系」を形成することである。しかも、始元からの結果に至る運動は何重にも繰り返される。その一つ一つが「円環」であるから、全体の体系は「諸円環からなる一つの円環」（下、三八三頁）となる。

以上が「論理学」の方法と体系である。そしてヘーゲルは、「論理学」が明らかにした方法に従って、『エンチュクロペディ』の体系を形成する。「論理学」が到達した「絶対的理念」から、「他在としての理念」つまり他者となった理念としての自然の考察が「自然哲学」である。「自然哲学」は「力学」・「物理学」・「有機的自然」という体系となる。そして、意識を欠いた自然の「自己外在性」が止揚されて、「精神」が登場する。これが「精神哲学」の内容となる。「精神哲学」は、「主観的精神」・「客観的精神」（法・道徳・人倫）・「絶対的精神」（芸術・宗教・哲学）という体系をもつ。こうしてヘーゲルは体系を完結させたのである。

2. エンゲルスの弁証法と、体系への批判

エンゲルスは、『空想から科学への社会主義の発展』(8)で、「ヘーゲルの最大の功績は、思考の最高の形式としての弁証法をふたたび取り上げたことである」（四七頁）と言う。

ここで「ふたたび」というのは、弁証法が古代ギリシアで生まれたからである。古代ギリシアの弁証法は、事物の運動、変化、生成、消滅をとらえる世界観であった。その典型は、「万物は流転する」と述べたヘラクレイトスである。しかし、自然の全体の姿を生成・消滅ととらえるだけでは不十分であった。近代科学は、分析的方法と実験的方法によって大きな成果をあげた。しかしことによって、世界を「機械」としてとらえる機械論が支配するようになった。*

* エンゲルスは、機械論（反弁証法）を「形而上学」と呼んだ。しかし、「形而上学」（metaphysica）は、もともとアリストテレスの著作に付けられた書名であり、「自然学（physica）」の「後に（meta）」置かれた著作である。この「形而上学」は、哲学史の中で、世界の存在の原理や神や霊魂などを論じる「超（meta）自然学（physica）」という内容をもってきた。ヘーゲルは、上述のように、「客観性に対する思想の三つの態度」における「旧形而上学」を批判して、弁証法的な論理学によって形而上学を再建しようとした。この点で、反弁証法を「形而上学」と呼ぶことは適切ではない。

マルクスの場合は、『聖家族』の「フランス唯物論にたいする批判的戦闘」などで、「形而上学」という言葉を〃思弁的な観念論〃という意味で使っている。エンゲルスは『フォイエルバッハ論』では、「一八世紀の唯物論は大部分が機械論的であった」（四〇頁）と述べている。以上の点で、反弁証法は「機械論」と呼ぶことが適切であると思われる。

ヘーゲルは、機械論を批判して、弁証法を復活させた。エンゲルスは、ヘーゲル哲学によって「自然的、歴史的、および精神的世界全体が一つの過程として、すなわち、不断に運動し、変化し、改造され、発展しているものとしてとらえられ、叙述され、そして、この運動と発展のうちにある内的な連関を指摘する試みがなされた」（五四頁）と言う。しかしヘーゲルによれば、自然や社会の事物の弁証法的な運動は、それ前に存在する「理念」の現実化されたものにすぎない。

このようなヘーゲル哲学は、それ自身のうちに矛盾を含んでいるとエンゲルスは言う。エンゲルスは『フォイエルバッハ論』で、ヘーゲル哲学の方法と体系の矛盾を次のように指摘する。ヘーゲルの弁証法によれば、すべての歴史的状態は、低いものから高いものへと進んでいく発展途上における経過的な段階にすぎない。したがって、この弁証法的哲学は、「究極的な真理」や「人類の絶対的状態」という思想をすべて解体してしまう。「生成と消滅の不断の過程、低いものから高いものへのかぎりない上昇の過程のほかには、なにも存在しない」（一七頁）。これがヘーゲル弁証法からの必然的な帰結である。ところが、ヘーゲルの哲学体系では、『論理学』の最後に「絶対的理念」が登場する。これが絶対的真理であって、この真理に基づいて、神が世界を創造するように、理念が「外化」して、自然や精神の世界が「自然哲学」や「精神哲学」として論じられる。「ヘーゲル哲学の教条的内容の全体が、絶対的真理だと宣言されることになって、あらゆる教条的なものを解体するところの、彼の弁証法的方法と矛盾することになる」（一九頁）。つまり、ヘーゲルの弁証法的方法と哲学体系とは矛盾する。ここから、ヘーゲル哲学において、弁証法という「革命的側面」は、それを覆って広がる「保守的な側面」のもとで窒息させられる、とエンゲルスは言う。

こうして、エンゲルスは、ヘーゲル哲学から弁証法をもっぱら生成・発展・消滅をとらえる「方法」であり世界観として継承する。弁証法を現実の生成・発展・消滅をとらえる論理として理解する上で、エンゲルスとマルクスとは一致する。だがマルクスは、ヘーゲルの観念論的な体系を批判しながらも、体系の形成について、『資本論』第一巻の「第二版への後書き」[9]で次のように言う。

「研究は、素材を詳細にわがものとし、素材の発展諸形態を分析し、それらの発展諸形態の内的紐帯をさぐり出さなければならない。この仕事を仕上げてのちに、はじめて、現実の運動をそれにふさわしく叙述することができる。これが成功して、素材の生命が観念的に反映されるならば、まるでア・プリオリな構成とかかわりあっているかのように、思われるかもしれない」（S.27）。

ここで「ア・プリオリな構成」とは、カントの用語で、経験によらない観念論的な原理による構成という意味である。つまり、現実の運動の生き生きとした反映であっても、マルクスは「ア・プリオリな構成」と見えるほどの体系的な叙述を重視したのである。この点でマルクスはヘーゲルを批判的に継承する。ここには、科学的社会主義の理論を厳密に体系的に展開しようとしたマルクスと、それを平易に説明しようとしたエンゲルスとの違いが現れていると思われる。

3. エンゲルスによる弁証法の定式化

では、エンゲルスは、ヘーゲルの弁証法をどのように批判的に継承したのか。エンゲルスは『自然の弁証法』[10]の中で弁証法の法則を定式化した。その定式は二種類ある。

第一の定式は、「全体的計画の素描」（MEW編者による表題）ないし「一八七八年の計画」（新MEGA編者による表題）の中にある。ここでは次のように記されている。「全体的連関の科学としての弁証法。主要法則は以下のとおり。量と質の転化。――両極的対立物の相互浸透と、極端にまでおし進められたときの相互への転化。――矛盾による発展あるいは否定の否定。――発展の螺旋形式」（三三九頁）。

この定式では、「矛盾による発展または否定の否定」が明確に述べられている。「矛盾」の重視はヘーゲルやマルクスの弁証法とも一致する。ヘーゲルは「矛盾はすべての運動と生命性の根本である」（『大論理学』中、七八頁）と述べた。マルクスは『資本論』で「すべての弁証法の噴出源であるヘーゲル的矛盾」（S.623）と述べた。また「否定の否定」とは、矛盾による「否定」状態がそれを解決する運動によってさらに「否定」されて、より高次の段階に発展することである。そこから「発展の螺旋形式」が形成されるのである。

第二の定式は、エンゲルスが「弁証法」という表題で述べた次のような記述である。

「自然および人間社会の歴史から弁証法の諸法則は抽出されるのである。これらの法則は、これらの局面での歴史的発展および思考そのものの最も普遍的な法則にほかならない。しかも主要には次の三法則に帰着する。／量から質への転化、またその逆の転化の法則／対立物の相互浸透の法則／否定の否定の法則」（三七九頁）。

この三法則についてはヘーゲル論理学との対応が述べられる。第一法則はヘーゲル論理学の第一部「有論」の中にあり、第二法則は第二部「本質論」の全体を占め、第三法則は論理学の全体系の構築のための根本原理であるとされる。しかしこの定式では、「矛盾」が「対立物の相互浸透」の中に含まれてしまって、独自の位置づけがない。またヘーゲル論理学第三部の「概念論」に対応する法則がない。

旧ソ連の「弁証法的唯物論」の教科書などで継承されたのは、第二の定式であった。そのために、「矛盾による発展と否定の否定」が不明確にされ、ヘーゲル論理学の概念論における「主体」の論理や「主体‐客体」関係、「自由」の論理などが継承されなかったのである。

三　市民社会における富と貧困と、資本主義の根本矛盾

近代社会の認識において重要なものは、富と貧困の矛盾

である。ヘーゲルは『法の哲学』（一八二一年）[11]における「市民社会」論で、「富の過剰と貧困の過剰」という問題を論じた。この問題を、エンゲルスは『空想から科学へ』の中で、マルクス『資本論』を踏まえて「資本主義の根本矛盾」とその展開として論じた。この問題を検討したい。

1．ヘーゲル市民社会論における「富の過剰と貧困の過剰」

ヘーゲル『法の哲学』は第一部「抽象法」、第二部「道徳」、第三部「人倫」（家族、市民社会、国家）から成る。ここでは、「市民社会（die bürgerliche Gesellschaft）」における議論を見ておきたい。

「市民社会」では、諸個人は相互に独立した特殊的・具体的人格として関係し合う。諸個人は「欲求のかたまり」として、自分の欲求を満足させるための経済活動を行う。その中で、利己的目的の追求のためにおのずから普遍的な社会関係を形成する。「利己的目的は、その実現において、普遍性によって条件づけられて、全面的依存の体系を創設する。それは、個々人の生計と幸福と法的定在が、万人の生計と幸福と権利の中に編入され、そこに基礎づけられ、このような連関においてのみ現実的であり、保障されることである」（§一八三）。こうして、市民社会は「欲求の体系」であるとともに「全面的依存の体系」である。

しかし、市民社会においては、諸個人の特殊性と社会的連関の普遍性とは分裂している。「市民社会は、この対立と混乱の中で、放縦と悲惨の光景を示すとともに、両者に共通な肉体的かつ人倫的な退廃の光景を示す」（§一八五）。しかし諸個人は、この対立と混乱を通して、自己の特殊な目的の実現が、普遍的な社会的連関によって媒介されていることを学ぶ。そして自己の行動を普遍的な連関に適合させ、その一環としなければならないことを学ぶ。これが市民社会の成員の「教養形成（Bildung）」である。「教養形成は、その絶対的規定においては自由にすること（Befreiung）であり、より高い解放のための労働である」（§一八七）。「厳しい労働」としての教養形成において、主観的意志が客観性を獲得し、理念の現実性に値するようになる。

また市民社会においては、人々の欲求は無限に多様化し特殊化してゆく。この特殊化した欲求を満足させる手段を作る労働も多様化する。人間の関心を呼び起こす対象の多様性が「理論的教養」を発展させる。また労働による「実践的教養」は素材の本性と他人の恣意に従って自分の行動を制御する習慣と技能を形成する（§一九七）。しかし労働が普遍的なものになり、客観的なものになることによって、労働が分割される。分業によって労働が抽象化され単純化されることによって、その技能も生産性も増大する。ここから人間の代わりに機械も導入される（§一九八）。この生産と交換、消費の体系が市民社会の「普遍的資産」をなす。そしてこの普遍的資産に参加する可能性が各個人の「特殊的資産」である。だが、それは各人の資本と技能によって条件づけられる。各人の偶然的な事情が、各自の資産の不平等を必然的に生むのである（§二〇〇）。

市民社会においては、確かに一面においては、さまざまな欲求をとおして人間の関係が普遍化することによって、またこの欲求を満たす手段を提供する方法が普遍化することによって、富の蓄積が増大する。しかし他面において、貧困が増大する。このことをヘーゲルは次のように言う。

「特殊的な労働の個別化と制限が増大し、このことによって、このような労働に縛りつけられた階級の従属と窮乏も増大する。そしてこのことは、その他のさまざまな自由、とりわけ市民社会の精神的便益を感受し享受することが不可能になることと結びついている」（§二四三）。

こうして市民社会は、一方で「賤民（Pöbel）」の出現を引き起こし、他方で極度の富を少数者の手中に集中させる（§二四四）。ヘーゲルは、この問題の重大性を一八二四－二五年冬学期の講義（グリースハイム筆記録）では次のように述べた。「いかにして貧困を取り除くかという重大問題が、とりわけ近代社会を動かし苦しめている問題である」（§二四四追加）。

市民社会は、「内務行政（Polizei）」によって犯罪の取締まり、公益事業、生活必需品の価格指定、教育、貧困対策などを行う。だが、それは各個人の利害を調整し、市民社会の内部秩序を維持するための体系にすぎない。市民社会は、貧困問題を解決できない。なぜなら、一方で、富者や公的機関による貧者の救済は、諸個人は労働によって自立性をもつという市民社会の原則に反するからである。他方で、貧困者に労働を与えることは、生産物の過剰を引き起こし、市民社会に混乱をもたらすからである。

そこで、ヘーゲルは次のように言う。「市民社会は富の過剰にもかかわらず、十分には富んでいないことが、すなわち貧困の過剰と賤民の出現を防止するほどに十分な資産をもっていないことが暴露される」（§二四五）。ここでいう「資産」とは、「普遍的資産」としての生産・流通・消費のシステムのことである。このシステムが不十分なのである。

市民社会における「商工業身分」によって組織される「職業団体」は、成員の共通の利益をはかり、成員の能力を養成し、教養形成をはかる（§二五二）。それは、成員の貧困対策にもなる。しかし、「職業団体」は商工業者の職業身分に限定された組織にすぎない。海外への「植民」も貧困問題の根本的な解決にはならない。そこで、ヘーゲルは「市民社会」の諸問題を解決するものとして、「国家」に期待をかけるのであるが、その具体的な解決策は示されていない。

2. 資本主義の根本矛盾とその発展

エンゲルスは『空想から科学へ』において、「唯物論的歴史観」と「剰余価値による資本主義的生産の秘密の暴露」というマルクスによる二つの発見によって「社会主義は科学となった」（六一頁）と言う。この理論に基づいて、エンゲルスは「社会的生産と資本主義的取得との矛盾」を「資本主義の根本矛盾」ととらえた。

マルクスが『資本論』で明らかにしたように、資本主義のもとで、単純協業、マニュファクチュア、大工業によって労働者が社会的な集団として働くようになるが、生産手段は資本家によって私的に所有されている。かつて自分の生産手段をもって生産した人々にとって、「生産物に対する所有は自分の労働にもとづいていた」（六七頁）。しかし、資本主義のもとでは、労働者の労働の生産物は資本家のものとなる。「いまでは、労働手段の所有者〔資本家〕は、生産物が彼の生産物ではなくて、もっぱら他人の労働の生産物であるにもかかわらず、ひきつづきその生産物を取得したのである」（六八頁）。つまり、労働者によって社会的に生産された生産物が、資本家の取得となるのである。ここから、エンゲルスは、「社会的生産と資本主義的取得との矛盾」が「資本主義の根本矛盾」をなすと言う。

エンゲルスのこの「矛盾」の説明は、「労働者の搾取」による資本家の「剰余価値」の取得を意味する。この点で、エンゲルスの「資本主義の根本矛盾」は、マルクスの「剰余価値」理論と合致していると言える[12]。

続いて、エンゲルスは、「一方では資本家の手に集積された生産手段と、他方では自分の労働力以外には何も持ち物がないようにされた生産者の間の分離が完了した。社会的生産と資本主義的取得との矛盾が、プロレタリアートとブルジョアジーの対立として、明るみに出る」（七〇頁）と言う。また、資本家は個々の工場内ではきわめて組織的に生産するにもかかわらず、社会全体では相互に競争し合う商品生産によって「生産の無政府状態」が生じる。ここにもエンゲルスは、「資本主義の根本矛盾」の現れを見る。こうして、「プロレタリアートとブルジョアジーとの対立」と、「個々の工場での生産の組織化と社会における生産の無政府性」とが、「資本主義の根本矛盾」の「二つの現象形態」であるとされる（七四頁）。

ここでエンゲルスの言う「根本矛盾」と「現象形態」とは、「本質は現象する」という弁証法的な関係をなす。多数の労働者の「搾取」による「資本主義的取得」は、マルクスによって理論的に解明された資本主義の「本質」である。そこから、エンゲルスは「社会的生産と資本主義的取得」を「資本主義の根本矛盾」ととらえた。そしてこの矛盾は、具体的に「プロレタリアートとブルジョアジーの階級対立」や「工場内での組織的生産と社会における無政府的生産」として、目に見える姿で現れる。これが「現象形態」である。ここで、「階級対立」はけっして二次的なものとされているのではない。労働力商品と賃金との交換においては資本主義的な「搾取」は目に見えない。しかし賃金や労働時間をめぐる労働者と資本家の対立（団体交渉やストライキなど）は、目に見える現象である。また労働の搾取を強化するための「工場内の生産の組織化」も、資本が利潤追求のために競争しあっている「生産の無政府性」も、目に見える現象である。これが本質と現象との関係である。

そして、エンゲルスは「資本主義の根本矛盾」と、その「二つの現象形態」である「A　プロレタリアートとブルジョアジーとの対立」と「B　個々の工場での生産の組織化と社会における生産の無政府性」から、さらに進んで「C　資本の蓄積と労働者の貧困の蓄積、恐慌の勃発」、「D　株式会社・トラスト、国家」という矛盾を論じる。ここからエンゲルスは言う。「恐慌が、ブルジョアジーには現代の生産力をこれ以上管理する能力がないことを暴露したとすれば、大規模な生産施設と交通施設が株式会社やトラストや国有に転化したことは、その目的のためにはブルジョアジーがなくてもよいことを示している」（八三頁）。

そこで、資本主義社会の矛盾の解決は、「根本矛盾」を形成する「資本主義的取得」の変革にあることが主張される。「この解決はただ、現代の生産力の社会的本性を実際に承認し、したがって生産様式、取得様式、交換様式を生産手段の社会的性格と調和させるということのうちにしかありえない」（八四頁）。それは、プロレタリアートによる国家権力の掌握のもとで、生産手段を社会的所有に転化することによってのみ可能になる。こうして、「プロレタリアートは、プロレタリアートとしての自分自身を廃棄し、それによってプロレタリアートはすべての階級差別と階級対立を廃棄し、またそれによって、政治権力である国家としての国家を廃棄する」（八六頁）。これがエンゲルスの言う科学的社会主義である。そしてマルクスは、エンゲルスの『空想から科学へ』をその「フランス語版への序文」で「科学的社会主義への入門書」（九頁）と評価したのである。

注

（1）ヘーゲル『小論理学』松村一人訳、岩波文庫。引用ではパラグラフ（§）を記す。翻訳は原書に基づいて適宜変更している。また引用文中の〔　〕は引用者による補足である。以下、同様。

（2）G・W・F・ヘーゲル『ヘーゲル論理学講義一八三〇年ベルリン大学』牧野広義・上田浩氏・伊藤信也訳、文理閣、二〇一〇年。引用では頁を記す。

（3）エンゲルス『フォイエルバッハ論』森宏一訳、新日本出版社。引用では頁を記す。

（4）Carl Nicolai Starcke, Ludwig Feuerbach, Verlag von Ferdinand Enke, 1885. 引用はリプリント版による。

（5）プラトン『ソピステス』藤沢令夫訳、『プラトン全集』岩波書店、第三巻、九四〜九五頁。

（6）ヘーゲル『哲学史』藤田健治訳、岩波書店。引用では巻と頁を記す。

（7）ヘーゲル『大論理学』武市健人訳、岩波書店。引用では巻と頁を記す。

（8）エンゲルス『空想から科学へ』石田精一訳、新日本出版社。引用では頁を記す。

（9）マルクス『資本論』第一巻。引用ではディーツ社版の原書の頁を記す。

（10）『自然の弁証法』『マルクス／エンゲルス全集』第二〇巻、所収。引用では頁を記す。

（11）ヘーゲル『法の哲学』上妻精・佐藤康邦・山田忠彰訳、岩波文庫。引用ではパラグラフ（§）を記す。

（12）川上則道『『空想から科学へ』と資本主義の基本矛盾』（本の泉社、二〇一七年）は、エンゲルスの「資本主義の基本矛盾〔根本矛盾〕」の理解をめぐって、それはマルクスの剰余価値論を踏まえた議論であるという角田修一説・川上則道説と、それはマルクスの剰余価値論を踏まえない議論であるという八尾信光説・不破哲三説との対立を論じている。私は、エンゲルス自身の叙述からいって、前者の説が正しいと考える。

（まきの ひろよし・阪南大学名誉教授・哲学）

特集　ヘーゲル、ベートーヴェン生誕二五〇年、エンゲルス生誕二〇〇年

コロナ禍猖獗の中でベートーヴェンの今日的意味を探る

―「五輪」は殺された、しかし「第九」は殺させないぞ―

山口　昴

はじめに

本稿は、もっか猖獗を極める新型コロナ感染症の中、いわゆる〝自粛〟の名のもとに、あらゆる生活のスタイルが激変し、音楽、ひいては芸術そのものの存在意義が議論されるという、平常な時には考えられなかった事態にいかに向き合うか、そのための一私論としてベートーヴェンの作品を通して考察したものである。

昨年（二〇二〇年）がベートーヴェンの生誕二五〇年にあたり、本来ならば世界中で様々な祝典イヴェントが計画されていたが、ご承知のように奇しくも生誕二四九年にあたる二〇一九年一二月に第一例が報じられ、その後世界を

まさにいま席捲しつつある新型コロナのパンデミックの影響をもろに受けて、そのほとんどが中止の憂き目にあい、ひいては「自粛」の名のもとに「芸術」そのものが人間にとって不要不急のものであるかのような雰囲気が意図的に作り出され、そのことが芸術家の存在そのものの意義についての議論にまで発展しかねないのが現状だ。

目を日本の国内に転じると、このようなコロナ禍が猖獗を極める中でのオリンピック開催問題という事案と絡んでとりわけ我々日本に住む者にとって、愛する音楽、とりわけベートーヴェン生誕二五〇年といういわば節目と重ね合わせて真剣に議論しなければならない責任があることを痛感する次第である。

本稿の執筆にとりかかったのは本年の四月、当時はコロ

ナ蔓延と東京オリンピック開催の問題の議論が日々二転三転の有様の中、その状況によって本稿の内容も数度の修正を余儀なくされたことを最初に率直に申し上げておきたい。最終的にはオリンピック開催強行・コロナ禍猖獗の第五波のまっただ中で最終稿となった次第である。

　本稿の執筆を始めるにあたって私の脳裏を横切った或るイギリスの女性作家の手になる一冊のベートーヴェン伝がある。フリーダ・ナイト著『ベートーヴェンと変革の時代』がそれだ。目にしたのはもう四〇年近くも前のことだ。私がこの書に惹かれた理由はその序文の中での彼女の次の言葉だ。

（＊私がこの書を上梓する理由は）「……ベートーヴェンが生きた激動期の社会的・政治的事件との関連に焦点をあてて彼とその作品を見た書物が私の知る限りではないと思われたからである」[1]（＊だから私がそれを書こう、というわけだ）

（＊は筆者による注釈を意味する。以下すべて同様）

　私はこの著作から多くのことを教えられたが、それと共に彼女がロンドン王立音楽院で音楽を専攻するかたわら、マンチェスター大学でセツルメント活動にも参加し、労働者や失業者のために地方の音楽や演劇運動を組織し、スペイン内乱時には「スペイン救済委員会」、一九三九年パリの「反ファシスト委員会」で難民のために働き、のちにはナチスによる逮捕、収容所生活をも経験した、いわば歴戦の勇士ともいえる側面にも大いに感銘を受けたのだった。因みにのちに触れるようにスペイン内乱と「第九」は作品誕生後の「第九」と社会との結びつきを考えるときに決して忘れてはならない大きなインパクトを持った劇的な終結を迎える或る出来事に出会うことになる。

　このナイト女史の著作に続いて、最近、私に衝撃を与えた一冊の著作をご紹介したい。それは私の敬愛する音楽学者岡田暁生氏の『音楽の危機――《第九》が歌えなくなった日――』（中公新書、二〇二〇年）だ。とりわけ副題とされた〝「第九」が歌えなくなった日〟は私にとってこの上ない衝撃的な言葉だった。以下の本稿で私が論じることは氏のこの言葉にいまの我々としていかに向き合うか、この追及が本稿で私のめざしたことであり、副題として付けた

〝――「五輪」は殺された、しかし「第九」は殺させないぞ――〟

こそ本稿を書き終えた段階での私の結論であることをはじめに明らかにしておきたい。

　岡田氏は今までも『オペラの終焉』（ちくま学芸文庫、二〇一三年）、『「クラシック音楽」はいつ終わったのか？ 音

楽史における第一次世界大戦の前後』（人文書院、二〇一〇年）、『文学・芸術は何のためにあるのか？』（吉岡洋共編、東信堂、二〇〇九年）等々、音楽・芸術の存在意義を追及するという立場を一貫してその論述の基本とされ、そのためにコロナ禍の下での本著作は、文字通り氏の今日的な解析が窺われる労作と申せよう。因みに著者岡田暁生氏のご尊父岡田節人先生（京都大学名誉教授）（＊二〇一七年逝去）は日本を代表する著名な生物学者（＊ご専門は発生生物学）で、ご自身もクラシック音楽をこよなく愛された。私は昔同じ分野の仕事に携わっていた時に、同先生から親しくお声かけをいただきご助言を受けたことがあり、ご子息の著作に触れて執筆を進めながら思い出を新たにした次第である。

本稿は全体を二つの部分で書き進めた。

前半は、関西唯物論研究会の二〇二一年一月例会で、光栄にも私にベートーヴェン生誕二五〇年記念での発表の機会を与えられ、「ベートーヴェンの『交響曲第九番』を社会の反映の視点で考える」と題する発表をさせていただいたが、本稿の全体の基調としても関連ありと考えるので、その概略を、とくに「交響曲第九番」（以下とくに断りのないかぎり、単に「第九」として記す）の有名な「歓喜の歌」のメロディのルーツについて詳しく考察するのに充てた。その理由は、前述の岡田氏の著作でも触れられているが、「第九」に対する現在の状況をあたかも先取りするような議論、一例として氏はアドルノの「第九」論を挙げられているが、それに対する考察には「第九」の構成要素のシラーの詩と共にメロディの問題が重要、との私見によるためである。

さらに続けてこれらの考察をもとにして現在のコロナ禍の中でのベートーヴェンの作品の持つ意味、ひいてはコロナ禍の下での芸術の我々にとっての持つ意味、役割。そこには当然のこととして為政者の言う「不要不急」論と芸術、とりわけ日本という国に住む我々の果たさねばならない課題と努力とは、等々の考察の手掛かりを探るのに充てた。

後半は、フランクフルト学派のテオドール・アドルノの遺稿集『ベートーヴェン　音楽の哲学』をメインに、それに最も強い影響下に生み出されたトーマス・マンの事実上の最後の大作、『ファウストゥス博士』をも加えて前半での考察をさらに深めたい。

ではまず、前半部分の柱の一つ、ベートーヴェンを論ずるにあたってその代表として取り上げる「第九」について、作曲の経過を中心に、とくに有名な「歓喜の歌」のメロディのルーツをたどること、そのことを通してベートーヴェンの持つ音楽の特徴についていくつかの角度から論じてみたい。

まずベートーヴェンの今日的意義を論ずるために、その代表作である「第九」と社会的関係から見ていきたい。ベートーヴェンを論じるにあたって「第九」をその代表とすることには異論も有り得るが、私が「第九」を取り上げる理由は、まず第一に「第九」が交響曲という音楽様式で音楽史上初めて声楽を取り入れた作品であり、その後の多くの作曲家の創作に大きな影響をもたらした作品であること。声楽を取り入れたということは単に作曲技術上の問題という点にとどまらず「音と言葉」という音楽美学上の極めて重要な事項の問題に初めて挑んだという点で極めて重要な作品であると考えるからである。さらには「第九」こそ、先の岡田氏の指摘にもあるコロナ禍での芸術の存在意義を論じるには最適の課題を提供する作品であり、とくに本稿の後半で論じるアドルノのベートーヴェン論との関係でもっとも相応しい作品、と考えるためである。

ベートーヴェンについての様々な分野の研究書は関西唯物論研究会での発表の際にはその主要なものについてご紹介したが、本稿では論考の趣旨に照らして必要と考えたものだけに絞って書名だけを挙げ、個々の文献紹介は取りやめた。

我らがベートーヴェン（正しくはLudwig van Beethoven、ルートヴィッヒ・ヴァン・ベートーヴェン）は、記録によれば現在のドイツ、ボン市の聖ミレギウス教会で一七七〇年一二月一七日に洗礼を受けた。つまり正確な出生の記録は現在も確認されておらず、当時の習慣から洗礼は出生当日または翌日に受けていたことからその出生は一二月一六日と推測されている。奇しくもこの年はアークライトの蒸気機関の発明の年、つまり本格的な産業革命の開始の年にあたり、資本主義の高揚の始まる時と同じくする。最近のベストセラーのタイトルをお借りするなれば、さしずめ本稿は「人新世コロナ期の『ベートーヴェン論』」とでもいうべきかも。

誕生の地はケルン選帝侯領の首都で、当時の地番ではボン市ボンガッセ五一五番地（現在ではボンガッセ二〇番地）の中庭に建て増しされた家の屋根裏部屋。現在、この地は二〇番地を中心に一八、二四、二六番地は「ベートーヴェン・ハウス」という名称の研究所・博物館等のゆかりの文化施設が建ち並び、ベートーヴェン関係の夥しい資料の収集・管理・研究・展示など、世界のベートーヴェン研究のセンターの役割を果たしている。

「第九」はフランス革命の申し子

それでは最初に「第九」の誕生過程から見てみたい。

まず「歓喜の歌」のシラーの詩との出会いから。

ベートーヴェンが生まれ育ち、その青年時代を過ごしたボンの街は、当時ヨ―ロッパでは稀な空気に充ちた土地であった。先にボンの君主はケルン選帝侯と書いたが、これはヨーロッパ史の重要な事項で、神聖ローマ帝国（古代ローマ帝国の後継を標榜する国家）の皇帝を選挙する権限を持つ貴族で、ベートーヴェンの青年時代の人物はマキシミリアン・フランツ。彼はオーストリアの女帝マリア・テレジアの末子で、女帝の後継者ヨーゼフⅡ世の弟として、他の選帝侯を凌ぐ絶大な権力を持った人物であった。お気づきのようにフランス革命で断頭台の露と消えたマリー・アントワネットは彼の姉にあたる。このような絶大な権力を持つフランツであったが、代々にわたって国力に不相応な程の財力を学術・文化に投じていた。兄のオーストリアのヨーゼフⅡ世がプロシャのフリードリッヒ大王と並んで、いわゆるドイツ啓蒙君主として指折りの人物であったこともあり、フランツ自身も思想的には啓蒙思想の積極的な推進者であった。そのようなマキシミリアン・フランツ選帝侯のもとで、一七八六年にボン大学が創設され、周囲の援助を受けたベートーヴェンも一七八九年五月に私費聴講生として受講することになる。

ベートーヴェンが聴講生として大学の門をくぐったちょうどそのころ、フランスでは革命の火ぶたが切って落とされていた。ボン大学はフランツの意向もあって自由主義的な教授が多く、フランス革命前夜の高揚した雰囲気がすでにこの大学創設のころから大学を中心にこの地でも広がっていた。革命のニュースが伝えられると教授たちは情熱的に語り、いっきに高揚の雰囲気に包まれた。若きベートーヴェンが大きな影響を受けたのはオイロギウス・シュナイダー教授とバルトロミウス・フィシェーニッヒ教授の二人で、シュナイダー教授は大学でギリシャ哲学を講じていたが、後に大学を辞しパリに赴き、ロベスピエールと共に革命に身を投じ断頭台の露と消えた人物でジャコバン党員であったと思われる。一方、フィシェーニッヒは前任地のイエナ大学でシラーと親しく、ボンでも（＊ボンへの赴任は一七九二年一〇月で、この月の終わりにはベートーヴェンはボンを発ちウィーンに赴いているので二人の接触は極めて短かったに違いない）シラーについて熱っぽく語りベートーヴェンにも大きな影響を与えただろう。当然シラーの「歓喜に寄す」についても語っただろう。ベートーヴェンは恐らくこの時の感激がシラーの詩に曲をつける思いに至ったと想像される。そのことを裏付ける資料が残されている。それはフィシェーニッヒがシラー夫人シャルロッテに宛てた一七九三年一月二六日付の次のような内容の手紙だ。

「……この少年（＊ベートーヴェンのこと）は選帝侯によってウィーンのハイドンの許に派遣されたところです。彼はまたシラーの「歓喜」を、それも全部を作曲しようとしています」

ベートーヴェンが作曲しようとしたシラーのこの詩については シラー自身が何度かの改作の末に、〝あれは若気の至りだった〟などと事実上の撤回をするなど、シラーの思想的変容とでもいえるような複雑な位置にある作品だけに、果たしてベートーヴェン自身の作曲意図がどこにあったかは判断がむつかしい問題があり、本稿の後半のアドルノのベートーヴェン論とも深く関わるのでここでの考察はこれ以上は行わないが、次の点だけは興味深い事実として指摘しておきたい。それはベートーヴェンがシラーのこの詩に触れたのはフィシェーニッヒの講義以前ではないかと考えられることである。それは一七九〇年二月の皇帝ヨーゼフⅡ世の死去の後、跡を継ぎ即位したレオポルドⅡ世の即位を祝って同年一〇月に一九歳のベートーヴェンが作曲した「レオポルドⅡ世の皇帝即位式のカンタータ」WoO-八八のなかに「第九」で使用されているシラーの「歓喜によす」とたった一語だけしか違わない歌詞が使われていることである。その部分の歌詞とメロディラインをこの項の最後に掲げておく。

「皇帝即位式カンタータ」の作詞はベートーヴェンの友人で同じ大学に学んでいたゼフェリン・アントン・アッフェルドンクで、二人はたえず議論をしあった仲であり、おそらくフィシェーニッヒ教授赴任以前からシラーの詩には精通していたと思われる。さらにご覧のようにメロディラインの雰囲気にも共通したものが感じられることも指摘しておきたい。

ボン大学の創設と同じ一七八九年一月に選帝侯の肝いりで同地の「国民劇場」が再開され、ベートーヴェンもヴィ

【カンタータ】

Stür - zt nie - der Mil - li - o - nen

【第九】

Ihr Stürzt nie - der Mil - li - o - nen?

オラ奏者としての勤めを果たしウィーンへ向けて出立するまでの短い期間ではあったが、いくつかの重要な演目の上演に携わったことは、この後いわゆる「歓喜の歌」のあのメロディのルーツをたどるのに大きな役割を果たすことになる。

　そこで「歓喜の歌」のあのメロディのルーツをたどることになる。

　交響曲第九番、ニ短調、op一二五、「合唱付き」、俗に「第九」と呼ばれるベートーヴェンの不朽の名作、この曲の最終楽章に登場するあの誰もが一度は耳にし、一度聴くとすぐに口ずさみたくなるあのメロディ、「歓喜の歌」、単に「歓びの歌」とも呼ばれている親しみやすいメロディ、この愛すべきメロディはベートーヴェンの脳裏にいったいいつ浮かんだのだろうか。先に挙げたフィシェーニッヒの手紙によればシラーの詩との確実な結びつきが一七九〇年が始まりとすれば、「第九」の初演の一八二四年五月七日まで、実に三〇年以上の月日がその間流れている。もちろんそれは発端になったきっかけであって、たえず「第九」だけに没頭していたわけではない。幸いなことにベートーヴェンは作曲するに際してその熟慮の過程をほとんどラフな形であってもスケッチの形で書き残すという習慣があり、それらはその夥しい量として後世に残されたという、我々の研究にとってまことに好都合な作曲家で、このような例はベートーヴェンを除いてはほとんど例がないし、その膨大なスケッチの大部分がボンのベートーヴェン・ハウスに所蔵されて専門家の手で現在も研究が進められているし、かってG・ノッテボームの手により「ベートーヴェニアナ」、「第二ベートーヴェニアナ」としてスケッチ研究の成果として纏められ上梓されている。

　スケッチの解析から「第九」に部分的にも着手したのは一八一七年頃と考えられ、本格的に突進するのは一八二三年に入ってからと考えられている。果たして「歓喜の歌」

【第九】

Freu-de, schö-ner göt-ter fun-ken, Toch-ter aus E - ly - si-um

【相愛】

のあのメロディもこの時に突如として降って涌いたのだろうか。

　ベートーヴェンの生前には出版されず、一八三七年になってようやく世間に知られるようになった或る歌曲がある。それは一七九三年頃に作曲されたと考えられている「愛されない男の溜息・相愛」WoO 一一八（＊WoO はドイツ語の Werk ohne Opuszahl（作品番号のない作品）のこと。ベートーヴェンの WoO は、研究者G・キンスキーとH・ハルムによって付けられた Op. 作品番号以外の番号である。最新の資料では op は一～一三八、WoO は一～一五八までが登録されている）というまことに〝わびしい〟題名

【合唱幻想曲】

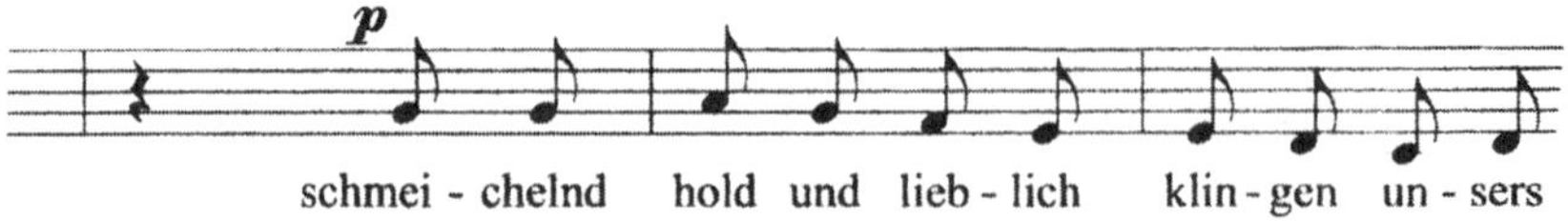
p
schmei - chelnd hold und lieb - lich klin - gen un - sers

の歌曲と、それに続く〝相愛〟（〝応えてくれる愛〟と訳されている場合もある。原語は Gegenliebe）と題する歌曲の二つがまとめられた作品があり、問題は後半の〝相愛〟の冒頭部分だ。これが「第九」の「歓喜の歌」の冒頭と瓜二つで、この二つの相似部分を次にご覧にいれよう。如何だろうか、これは偶然と申せるだろうか。

　さらにこのメロディは一八〇八年に完成した「合唱幻想曲」op 八〇の合唱部分に現れる。

　この「合唱幻想曲」という作品は演奏時間約二〇数分のピアノと管弦楽、それに合唱という、かって誰もが試みなかった形式の音楽で、まさに「第九」の先駆けといえるもの。曲はピアノと管弦楽で大半が進み、曲の最後約五分で合唱が加わる。

　これほどまでにベートーヴェンの心に食入っているメロディはいったい何者な

のか。この解明に登場するのがフランスの文豪ロマン・ロランだ。

ご存じのようにロランは『ジャン・クリストフ』で一九一五年のノーベル文学賞を受賞した文豪で、『ジャン・クリストフ』そのものがベートーヴェンの青年時代をモデルにした作品で、ロランは文学は勿論のこと音楽への造詣の深さは驚くべきもので、みすず書房から邦訳版が出ている『ロマン・ロラン全集』全三五巻のうち二三〜二五巻の三冊が「ベートーヴェン研究」と題されているように、この道の研究者としても最も重要な業績を残したと申しても過言でない。とくに第二五巻の冒頭に収められている「第九交響曲」と題する論文は、まさにロランの「第九」への深い理解と愛情にあふれた不朽の論考として、私などもベートーヴェン理解へ導きの手を差し伸べてくれた、いわば〝恩人〟ともいえる書物だ。

そこでロランはこのメロディを〝それは人々と一緒になって歌う歌にぴったりであり、また人々に語りかける、友愛的なメロディである〟と特徴づけて、このメロディとフランスの作曲家ケルビーニの歌劇「ロドイスカ」の中の次のメロディが「相愛」に始まり「歓喜の歌」に至るベー

【ロドイスカ】より

【相愛】

トーヴェンの一連のメロディの源泉ではないかと指摘している。

さらにロランはケルビーニと同時代の作曲家メユールの「進軍歌」がこれらが双生児程に似ていると指摘している。なおロランはケルビーニ、メユールと同時代の作曲家グレトリーの作品にも極めて類似性の高い作品の存在も挙げていて、当時のフランスの作曲家に共通するパターンの一つと述べる。これらの作曲家は、いずれもフランス革命の進行時に革命側の活動の一端を担った人物であり、ルソーやヴォルテール、ディドロなどに対応する音楽家であった。

とくにメユールはベートーヴェンが終生関心を寄せてい

た人物で、晩年でもメユールの作品に強い関心を寄せていたことが残されている資料で明らかになっている。

残念ながらロランが挙げている作品は日本では現在は聴く機会がないが、私はまことに幸せなことに或る高名な歴史学の先生が渡仏なさった時にわざわざフランスでこれらの作品の録音を探してくださり、私の手許に届けて下さったのでロランの指摘を確認することができた。

「ロドイスカ」は一七九一年七月にパリで初演されたが、その数日前にはルイ一六世が国外逃亡を企て失敗するという、いわゆるヴァレンヌ事件の直後でもあり、しかもこの歌劇の題材がフランス革命の大勝利を彷彿とさせる内容だっただけに、パリ市民から熱狂的な歓迎をうけ、たちまち二〇〇回もの上演が行われる大ヒット作品となった。

ベートーヴェンがその生涯でこの作品を聴いたかどうか確実な証拠はないが、彼がボン時代にヴィオラ奏者としてメンバーに加わっていた国民劇場の演目についてはセイヤーの詳細な調査が行われており、[2] それによれば先ほど挙げたフランス革命当時活躍した作曲家の作品のいくつかもすでに上演されており、恐らく若きベートーヴェンもそれらのいくつかに触れて、すでにのちの「歓喜の歌」に通ずる雰囲気を感じ取っていたと思われる。まさに「歓喜の歌」を私が「フランス革命の申し子」と呼ぶ所以である。

冒頭で述べたフリーダ・ナイトの著作で触れた「第九」とスペイン内乱にまつわる或るエピソードをご紹介しておきたい。私はこのエピソードは「第九」誕生以来、その精神が最も発揮された例としてここに記しておきたい。

今年の「東京オリンピック」はコロナ禍のなか、世論とかけ離れた思惑から開催が強行され、世界を〝「五輪精神」とは〟を改めて問う議論の渦に巻き込んだ。引き続き強行開催された「パラリンピック」と合わせて、事実としてコロナ禍で人々の命や暮らしが脅かされているにもかかわらず、「五輪＝平和」の近代五輪発足の精神を破壊し自らにとって都合の悪いことから目をそらさせる、それもスポーツの喧騒を利用して、まさに社会における「倫理の破壊」、――これを〝スポーツウォッシング〟（＊いみじくも云ったのは元米サッカー代表のジュールス・ボイコフ）と呼ぶが――を振り回し、感染拡大に歯止めがかからず、医療崩壊を招いてしまいながらいっぽうで楽観論を振り回す、まさに〝「五輪」は殺された〟がわが国の現状と申せよう。その「五輪精神」の歪みのきっかけを作り出したのが一九三六年の「ベルリン・オリンピック」だ。

一九三六年、ヒトラーによるナチズム高揚を目的に「ベルリン・オリンピック」が開催され（＊この時に初めて聖火リレーが考案された）、これに対抗すべく「民衆オリンピック」が同年七月にスペインのバルセロナでの開催が計画され、ナチズムに反対する世論の象徴として全世界から大きな期待が寄せられ、その準備が進められた。その催しのメインとして開会式当日に平和の象徴として「第九」が演奏されることになり練習がバルセロナ市内で進められていた。指揮者は高名なチェリストのパブロ・カザルス。因みに当時の記録によればベルリン・オリンピックへの参加国は四九、参加選手四〇〇〇人、一方バルセロナ民衆オリンピックへの参加表明国は二三、参加表明選手は二〇〇〇人。

開会式を翌日に控えた一八日夜、「第九」の最後の練習が行われていた。終楽章の「歓喜の歌」のタクトをカザルスが振り下ろそうとしたその時、会場に〝フランコ将軍が反乱を起こし当地に迫っています！　ただちに避難を！〟との急が告げられ、しかし全員の希望で緊迫した空気の中で「歓喜の歌」が歌われた。そして最後にカザルスはこう言った。

「この国にふたたび平和が戻る日が必ず来る。その時はもう一度集まって「第九」を歌おうではないか」。そしてメンバーは人民戦線の勇士として各地に散っていった。

そしてこの悲願が見事に現実となった。それも五六年ぶりに！　それが一九九二年七月二五日に開幕されたバルセロナ・オリンピック。開会式の最後の四分ほどで「歓喜の歌」が高らかに歌い上げられたのだ。この模様は現在でもyoutubeで視聴可能で、まことに感動的なシーンが見られる。暗闇に一人の少年の姿が浮かび上がり、彼はカタルニア語であのシラーの詩を歌い始める。続いて当時の世界的な名歌手がそろって合唱団と共に、ドイツ語で歌いつがれ、最後に開会式閉幕の大フィナーレの大花火の炸裂に続く。カザルスの夢が実現した瞬間だった。(3)

続いて現在のコロナ禍の下でのベートーヴェンの意義、ひいては〝自粛〟のもとでの音楽を含む芸術の在り方、特に我々日本人の担う役割などを、先の岡田氏の提起をも念頭に考察を深めたい。

まずご紹介したいのは昨年三月、世界各地でコロナ禍の兆しが見え始めた時に、早くもその危機の到来を的確に読み取り、国民に一致団結を感動的な言葉で呼びかけた或る国の指導者の演説で、以下はその一部である。その指導者の名は、ドイツ連邦共和国首相、アンゲラ・メルケル。

「……開かれた民主主義のもとでは、政治において下される決定の透明性を確保し、説明を尽くすことが必要です。私たちの取り組みについて、できるだけの説得力ある形でその根拠を説明し、発信し、理解してもらえるようにするのです。本当に全ての市民の皆さんが、ご自身の課題と捉えてくだされば、この課題は必ずや克服できると私は固く信じています。ですから申し上げます。事態は深刻です。皆さんも深刻に捉えていただきたい。ドイツ統一、いや、第二次世界大戦以来、我が国における社会全体の結束した行動が、ここまで試された試練はありませんでした。……」(4)

いささか長い引用になったが、二〇二〇年三月一八日の時点でのこの的確な現状認識と決断、そして訴えかける決意に充ちた言葉、この演説は世界に大きな感銘を与えるものとなり、以降の指導者の国民への訴えの指針とさえなったといわれる。演説は続いてこの段階で早くも次のように述べる。

「……政府や国・地方自治体の機関が、共同体の全ての人を守り、経済・社会・文化の損失を抑え込むためにどのような取り組みを進めているかをお話します。さらにそうした取り組みにおいて、なぜ皆さんが必要なのか、一人ひとりに何ができるのかについてもお伝えしたいと思います。……」(4)

この感動はすぐさま日本でも心ある人々を揺り動かした。大阪文化団体連合会の主催した「大阪文化フォーラム」〝新型コロナウイルス禍に我々はどう対応するのか〟（二〇二一年三月一一日に吹田市文化会館で開催）での基調講演（演者は藤野一夫神戸大大学院教授）でも講演の冒頭、このメルケルの演説の紹介から始まっている。

このメルケル首相の言葉を念頭に、振り返ってわが国の政治指導者の言動を対置してみると……、あえてこれ以上は申す必要はなかろう。

「芸術とは、人間の生存という根本的な問題に向かい合う上で不可欠なものであり、特に今のように確実性が崩壊し、社会的基盤の脆さが露呈し始めている時代には欠くことができないものである」。これはメルケルと同じドイツ連邦政府国務大臣で、文化・メディアを担当するモニカ・グリュッタース女史の言葉だ。

新型コロナ感染症はいまや全世界を席捲、人類史上でも極めて稀なパンデミックの様相を呈しており、新自由主義の自己責任論・市場経済万能論とも相まって格差の極端な拡大の結果、ワクチン供給の国際的な格差を生み、これがさらにパンデミックの拡大に繋がり、各国で医療崩壊をまき起こす、という深刻な事態に陥っている。日本ではさらに為政者の無為無策、それに輪をかける「東京オリンピック・パラリンピック」の開催をめぐるあまりに一方的な行政の進め方は、文字通り国民の暮らしはもとより命すら危険な状態に陥れていることは誰の目にも明らかなことだ。

ここでは本稿の趣旨に沿って、その影響、解決の考察は音楽・芸術分野に限ることになるが、多くの人々の苦しみへの共感共有も勿論当然のことである。

コロナ禍の中でわが国においても、関係者の様々な努力が繰り広げられており、それは音楽、諸芸術分野の人々の暮らしをどう守るかという切実な事は当然のこととして、さらには如何にして表現手段を守り確保していくか、という問題まで様々な努力と知恵が注がれている。例えば、昨年のウィーン・フィルハーモニーの来日公演でとられた感染対策の徹底、そのためにはウィーン・日本間を含めて全移動行程のために飛行機を一機チャーターまでして徹底したような事例。オンラインでの様々な工夫等々、枚挙にいとまがない。

考察をさらに深める手掛かりとして、私が衝撃を受けた岡田暁生氏の「音楽の危機―《第九》が歌えなくなった日」の氏の主張を細かくみてみたい。

舩木篤也氏は岡田氏の論旨をおおむね次のように要約される。私もこの要約に同感だ。(5) そもそも「第九」は近代市民社会の理念、それはフランス革命のスローガンに集約される〝自由・平等・博愛〟の〝可聴化〟の典型、シラーの〝人はみな兄弟となる（Alle Menschen werden Brüder)〟こそその最たるものでありながら、現在の有様はコロナ禍のもと、「第九」のステージで現実に起こっているのはソーシャル・ディスタンスの縛りのために「歓喜の歌」を高らかに歌い上げても、それはまさにブラック・ジョークではないか。考えてもみよ。いまの資本主義社会そのものがこの曲の精神と相容れないものではないのか。私は（＊岡田氏）「第九」とは二五〇年前のベートーヴェンから今の我々への問いかけなのではないのか。《わたしが「第九」で夢見た理想社会は嘘だった、と思うのか。それとも君たちはなおこの理想を再建しようと思っているのか》、と。

なんとも鋭い指摘、と感服せざるを得ない。さらに氏（＊岡田氏）はアドルノの著作『ベートーヴェン　音楽の哲学』のなかのアドルノの「第九」への重要な記述について指摘をする。アドルノの驚くような指摘は、

「……ヒトラーと『第九交響曲』。だから包囲しあうがいい、幾百万の人々よ[6]」

「……市民的ユートピアは、完全な喜びというイメージを考える場合かならずやそこから排除されるもののイメージのことも、考えざるをえなくなる。これはこのユートピアにとって、特有の点となっている。ただ世界に不幸が存在するために、そしてその程度に応じて、ユートピアの喜びも生まれてくるのである。……[7]」

アドルノはとくに後者での指摘は、この引用文の続きで明らかにしているようにシラーの「歓喜に寄す」の次の一節を問題にする。

Ja, wer auch nur eine Seele
Sein nennt auf dem Erdenrund!
Und wer's nie gekonnt, der stehle
Weinend sich aus diesem Bund!

日本語訳の一例では、

そうだ、地球上にただ一人だけでも
心を分かち合う魂があると言える者も歓呼せよ
そしてそれがどうしてもできなかった者は
この輪から泣く泣く立ち去るがよい

アドルノの指摘は、〝仲間外れ〟を作り出すことが近代の市民社会の本質であり、それの〝可聴化〟が他ならぬ「第九」では、というように私は読み取れるのだが。

アドルノについては本誌第六一号に「音楽美学、……」と題した拙稿で彼の音楽美学論について簡単にご紹介したが、フランクフルト学派を代表する哲学者でありながら、現代音楽を代表する新ウィーン楽派の作曲家の一人アルバン・ベルクに師事した有能な作曲家でもあり、すぐれた作

品をいくつも残し、一方では哲学者としての基本姿勢は美学論では〝ミーメシス論〟の立場に立ち、生涯、音楽を主題とした哲学的考察に終始した哲学者である。第二次世界大戦中はナチスの迫害から逃れてアメリカに移住し、そこでトーマス・マンの知遇を得、マンの最後の大作ともいえる「ファウストゥス博士」の完成に大きな影響を与えたことはあまり知られていない。マンのこの作品の後半で「第九」が否定されるシーンがあるが、まさにアドルノのここでの指摘と符合するものだ。(8)

アドルノの大作『ベートーヴェン　音楽の哲学』は正確には遺稿集と呼ぶべき性質のもので、生涯の折々に書きとめたベートーヴェンに関する考察の断片を、アドルノの没後にロルフ・ティーデマンが編纂したもので、邦訳版の訳者後記によれば、「本書は哲学的な音楽書である。作曲家であり思索家であるアドルノにして初めて可能になったベートーヴェン論」と述べられているように他に類書が見られない誠にユニークな論考である。文中にも先に挙げた二点以外にも「第九」についてのユニークな指摘も多く散りばめられていて、すべてが意表を突くような内容ではない。

しかし私の率直な感想は、ベートーヴェンの「第九」の意義の論議はその素材のシラーの詩「歓喜に寄す」だけからの議論では不十分で、ましてやシラーのこの詩のその後の改作や彼の政治的思想的な変節を考えたとき、むしろ本稿の前半で私が指摘したメロディの問題を重要な要素として考慮すべき、と考える。

シラーの政治的思想的変節の問題について考えるときに参考になるのが若きエンゲルスが「ザ・ノーザン・スター」紙の依頼を受け、同紙に連載した「ドイツの状態」、とくにその「第一信」は示唆に富むレポートである。(9)

なお運動論の問題として案外知られていないことであるので強調しておきたいことは、日本における芸術の法律上の位置づけに変化があり、これを有効に活用することを考慮する必要を痛感する。

それは従来の「文化芸術振興基本法」を全面的に改正し、題名も「文化芸術基本法」と改め、その中には、〝文化芸術の礎たる表現の自由の重要性を深く認識し〟、〝文化芸術の施策の推進に当たっては文化芸術を創造し、享受することが人々の生まれながらの権利であることに鑑み、国民がその年齢、障害の有無、経済的な状況または居住する地域にかかわらず等しく、文化芸術を鑑賞し、これに参加し、又はこれを創造することができるような環境の整備が図られなければならない〃など数々の重要な事項が定められている、という点だ。運動の武器として有効に使いたいものだ。

本稿を終えるにあたって岡田氏が投げかけられた重いテーマ、ベートーヴェンからコロナ禍の我々への問いかけには私は次のように答えたい。

〝自由・平等・博愛を歌い上げている「歓喜の歌」は少なくとも階級社会が存続する限り、フランス革命の申し子としての歴史的使命は持ち続けるであろう。そしてわれわれは、この歴史的使命が役割を終えるような未来社会を目指す努力をこれからも続けるであろう〃と。

注

(1) フリーダ・ナイト『ベートーヴェンと変革の時代』深沢俊訳、法政大学出版局、一九七六年。

(2) A.W.Thayer, *Ludwig van Beethovens Leben* (5 vols.) 著者のセイヤーは米国人。この著作に着手したのはベートーヴェンの没後まだ日も浅く、直接ベートーヴェンを知る人も少なからず実在した。セイヤーの精力的な活動により貴重な資料が散逸を免れるとともに、全五巻、総ページ数四〇〇〇頁近い超大作としてまとめ上げられ、後世に残された。現在ではCD-ROM版や電子書籍版で容易にみることができるようになった。

(3) https://www.youtube.com/watch?v=IzGCXdX6gig

(4) 駐日ドイツ連邦共和国大使館の公式訳文による。

(5) 船木篤也「レコード芸術」二〇二一年三月号、音楽之友社、五三頁。

(6) アドルノ『ベートーヴェン　音楽の哲学』大久保健治訳、作品社、一九九七年、一二三頁。

(7) 同右、五〇頁。

(8) マン「ファウストゥス博士」『トーマス・マン全集』(全一二巻+別巻一) 新潮社、第六巻、四八九頁。同巻に収められているマンの「ファウストゥス博士の成立」と題する記述によれば、一九四六年一二月、ラジオから流れる「第九」の放送に耳を傾けながら、マン自身がその終楽章に憎悪の念を示すシーンが赤裸々に綴られている。六三七頁。

(9) エンゲルス「ドイツの状態、第一信『ザ・ノーザン・スター』編集者あて」『マルクス・エンゲルス全集』大月書店、第二巻、五九〇頁。

(やまぐち つとむ・音楽史研究家)

論文

ウィズＣＯＶＩＤ‐19の経済

上瀧真生

序に代えて ― ＣＯＶＩＤ‐19パンデミックから学ぶ

二〇一九年一二月、中国武漢からＳＡＲＳコロナウイルス２（severe acute respiratory syndrome coronavirus 2、日本政府は「新型コロナウイルス」と呼ぶ）が引き起こす感染症ＣＯＶＩＤ‐19（coronavirus disease、日本政府は「新型コロナウイルス感染症」と呼ぶ）の流行が始まった。それは瞬く間に世界に拡がり、二〇二〇年三月一一日、世界保健機関（ＷＨＯ）のテドロス事務局長はＣＯＶＩＤ‐19のパンデミック（世界的流行拡大）を宣言した。その後、こんにちまで、人類はＣＯＶＩＤ‐19の流行封じ込めに成功しておらず、困難なたたかいを余儀なくされている。

このたたかいは、社会的・経済的な衝撃を与えている。本稿の課題は、ウィズＣＯＶＩＤ‐19の経済について分析することである。[1]だが、それに先だって、私がこのパンデミックをきっかけに改めて学んだことを整理しておきたい。分析の基本的な見地を見いだすためである。

1．自然と人間の共生の課題として感染症を捉える

ＣＯＶＩＤ‐19パンデミックに際して、私は人類と感染症との歴史を学び直した。恥ずかしながら、私は二〇世紀には人類は感染症を克服したと認識していた。ＷＨＯが天然痘の根絶を宣言したのは一九七六年であり、当時、私は高校生であった。私はそういう時代の子であって、ＣＯＶＩＤ‐19パンデミックまでその認識について反省すること

がなかった。しかし、考えてみれば、その後、エイズ、エボラ出血熱、ＳＡＲＳ（重症呼吸器症候群）、ＭＥＲＳ（中東呼吸器症候群）などの流行があり、新型インフルエンザの脅威が語られていた。新たな感染症が人類を脅かし続けていたわけである。

人類と感染症とに関する歴史研究の端緒はウィリアム・Ｈ・マクニールの『疫病と世界史』（McNeill, W. H., *Plagues and Peoples*, 1976）であるが、この本は天然痘根絶宣言の年に出版された（日本での翻訳書出版は一九八五年）。同書は、「病原生物が突然変異を起こす可能性は、今日の世界にあって依然として深刻な問題」であり、突然変異によらずとも「正体不明の寄生生物が、古くから馴れ親しんできた生態系ニッチェを離れ、…（略）…人類を襲い、目新しく、時には破滅的でもある高致死性の病気に見舞わせる」可能性があるとし、「技術と知識は、…（略）…人類を、目に見えぬミクロの寄生生物からの攻撃と、他の人間によるマクロ寄生にはさまれているという、大昔から続いている境遇から抜け出させてはくれなかった」(2)と警鐘を鳴らしていた。反省をこめて、改めて同書から学んだことを整理しておく。

マクニールは、人類と感染症との関係の長い歴史を考察するにあたって、それを生態系、とりわけ食物連鎖の中に位置づける。その際、鍵となっているのが「ミクロ寄生」と「マクロ寄生」という概念である。彼は、「大部分の個々の人間の生命」は「病原体による微《ミクロ》寄生と大型肉食動物による巨《マクロ》寄生のはざまで、辛うじてつかの間の無事を保っているに過ぎない」と言う(3)。ミクロ寄生とは、病原体となる細菌やウィルスなどが人体に寄生することである。マクロ寄生とは、生まれたばかりの人類にとっては大型の肉食獣に襲われ、食べられることであった。しかし、道具を用いた狩猟や火の使用、さらには農耕と牧畜によって食物連鎖の最上位に立つこととなった発達した人類にとっては、人間による人間の支配、マルクスとエンゲルスがその基礎を据えた社会科学の見地からすれば、階級的な支配を意味している。このようにミクロ寄生とマクロ寄生との関係を問うことを通じて、マクニールは感染症流行と人間社会との関係を明らかにしようとする。

まず彼は、感染症が人間に拡がる条件として、灌漑農耕の開始に伴う定住と集住を挙げる(4)。つねに移動を続ける狩猟採集の生活では、糞便に接触する機会は少なく、病原性寄生体が人から人へと感染を拡げる危険は少ない。それに対して、一定の人口が集住し、定住する環境では、多くの人々の糞便が集積され、それに接触する機会が増える。また、汚染された生活用水を日常的に使用するという事態も生じる。これらによって、病原性寄生体が人から人へと感染を拡げる危険が増大する。

さらに植物の栽培と動物の家畜化、つまり農耕と牧畜が感染症流行の条件となる。人類が動植物の自然のままの分布形態をゆがめた結果、病原性寄生体にとっての新しい生態的ニッチが出現し、その機会が利用されるのである。[5]

しかし、これらの条件による感染症流行が常に深刻な被害をもたらしたかといえば、必ずしもそうは言えない。「速やかに宿主を殺してしまう病原体は、自分の方でも危機に陥る」から、「宿主としての人類と感染性の生物体との間の交渉が長く続き、その間何世代も経過し、また双方ともその個体数が充分に多い場合には、遂に双方の生存を同時に可能とする相互適応の構造が生じる」[6]。

こうして一定の時期には、世界の文明地域それぞれで、人類と病原性寄生体との間に不安定ながらも相互適応の関係が形成されたとマクニールは考える。この相互適応関係をかき乱すのは、人間の地域を越えた移動と交流（平和的形態であれ、戦争の形態であれ）である。人間の移動と交流は、ある地域にそれまで接したことのない病原性寄生体をもたらし、それらは（すべてではないとしても）その地域に住む人々との間に相対的に安定した相互適応関係が形成されるまで人々の生命を大量に奪うこともある。彼は、人類史のなかにそうしたプロセスをていねいにたどる。[7]

そこで彼は、マクロ寄生の状況（人口動態や搾取関係など）が感染症流行に影響を及ぼす側面と感染症の流行がマクロ寄生の状況に影響を及ぼす側面とを摘出する。前者の例は、近代資本主義における都市への人口集中とその労働者街の劣悪な住環境、上下水道などのインフラストラクチャーの不備がコレラのまん延の基礎となったことである。[8]後者の劇的な例は、ヨーロッパからの侵略者がもたらした天然痘などの感染症流行がアメリカ先住民に人口的に、さらには宗教的に深刻な打撃を与え、侵略者の支配を容易にしたことである。[9]

私は、マクニールの歴史的考察は自然と人間との共生という課題の一要素として感染症を取りあげているのだと考える。

マルクスは、労働を「人間が自然とのその物質代謝を彼自身の行為によって媒介し、規制し、管理する一過程」と規定した。[10]人間労働の意識性とともに「人間と自然との物質代謝」という規定に注目したい。さらにマルクスは、

「資本主義的生産は、それが大中心地に集積させる都市人口がますます優勢になるに従って、…（略）…人間と土地とのあいだの物質代謝を、すなわち、人間により食糧および衣料の形態で消費された土地成分の土地への回帰を、したがって持続的な土地豊度の永久的自然条件を攪乱する」、「資本主義的農業のあらゆる進歩は、…（略）…土地から略奪する技術における進歩でもあり、一定期間にわたって土地の豊度を増大させるためのあらゆる進歩は、同時に、この豊度の持続的源泉を破壊するための進歩である[11]」と、資本主義的生産の発展による人間と自然との物質代謝の攪乱を分析した。

また、エンゲルスは「人間は、自分が起こす変化によって自然を自分の目的のために利用し、自然を支配する」としつつ、「しかし、われわれ人間が自然にたいしてかちえた勝利にあまり得意になりすぎないようにしよう。そうした勝利のたびごとに、自然はわれわれに復讐するのである[12]」と警鐘を鳴らした。

以上から分かるように、マルクスとエンゲルスが基礎を据えた社会科学は当初から人間と自然との共生という課題を意識していた。しかし、感染症をもたらす病原性寄生体と人間との共生という問題は、その中に意識的に位置づけられてこなかったのではないか。マクニールの歴史的考察をふまえて、この問題を位置づけることが必要である。

そのうえで、感染症流行が経済や社会に及ぼす影響について再考する必要がある。友寄氏はその著書で「パンデミックは、一時的に歴史発展を早めたり、遅らせたりする作用をもたらすとしても、それは歴史発展の法則自体を変えるものではありません」と指摘する。たしかにそのとおりだが、それに先だって氏も述べているように「パンデミックは、人類史の流れを促進したり、攪乱したりする大きな要因となってきた[13]」ことも間違いない。この両側面について深く考えるには、感染症流行が「人間と自然との物質代謝」、人間と自然との共生に位置づけられる問題だと認識することが必要である。もう少し敷衍すれば、自然の作用が人間の経済活動の基礎的条件であることをきちんと位置づけることが必要である。これらの点について、以下、さらに考えてみたい。

2．対人接触と人の移動は経済活動の基盤的条件である

COVID‐19パンデミックに遭遇して、もう一つ改めて学んだのは、対人接触と人の移動が経済活動の基盤的条件だということである。

私は、経済とは「モノやサービスを生産し、分配し（こんにちの社会では流通させ）、消費し、廃棄する活動の全体である」と説明してきた。この活動の一つの基盤的条件が対人接触と人の移動である。生産は協業を基礎として成り立っているし、流通は対人接触と人の移動を前提とする。対人サービスの生産と消費には対人接触が不可欠である。こんにちの資本によるグローバリゼーションの進展は、地球規模で人の移動を活発化させている。

ところが、ＳＡＲＳコロナウイルス２と人間との共生が確立できていない現状では、感染拡大防止のために対人接触と人の移動を極力抑制することが求められる。この感染拡大防止施策によって、経済活動の基盤的条件は阻害され、マヒ状態に陥る。

さらに、こんにちの日本のような先進資本主義国では、対人接触が不可欠な対人サービスの比重が大きくなっている。教育や医療・福祉などのいわゆる「エッセンシャルワーク」従事者とともに、「不要不急」な活動とされた宿泊業・飲食サービス業などの就業者が増大しているのである。こうした経済のあり方が、ＣＯＶＩＤ－19パンデミックの影響をより深刻なものにした。

総務省「労働力調査」によると、パンデミック前の二〇一九年、教育・学習支援業就業者三三四万人、医療・福祉就業者八四三万人、両者の合計一一七七万人であり、宿泊業・飲食サービス業就業者四二〇万人、生活関連サービス業・娯楽業就業者二四二万人、両者の合計六六二万人であった。それぞれ就業者総数六七二四万人の五・〇％、一二・五％、一七・五％、六・二％、三・六％、九・八％となっている。これに対して製造業は一〇六三万人、就業者総数の一五・八％である。

二〇一〇年と比較すると、教育・学習支援業就業者は四四万人増、医療・福祉就業者は一八七万人増、宿泊業・飲食サービス業就業者は三四万人増、生活関連サービス業・娯楽業就業者は二万人増である。製造業は二〇一〇年比では三万人増であるが、一九九〇年と比べると四四二万人減となっている。

マルクスは『資本論』第一部第一三章第六節で、機械を使用する大経営による生産力増大が富裕層向けの対人サービスに従事する「召使い階級」を増大させることを指摘した。(14) その後、二〇世紀以降の生産力増大、教育や社会保障の施策展開、さらに製造業の海外移転によって、日本国内における製造業就業者は減少し、対人サービス就業者が増大してきたところにパンデミックが襲った。それぞれ現われ方は異なるが、こんにち、対人サービス就業者は大変困難な状況に陥っている。

Ⅰ　経済活動の停止・停滞と資産バブル

1．経済のマイナス成長

現在までのウィズＣＯＶＩＤ－19の経済を概観してみよう。

先述のとおり、パンデミックに際して、各国政府は感染拡大防止のために対人接触と人の移動を厳しく制限することとなった。制限の法的強制力に程度の差はあれ、また、時間的経過とＣＯＶＩＤ－19に関する認識の発展にもとづく変化はあれ、主要な先進資本主義諸国では感染防止対策が優先されてきた。このこと自体は人間の健康に生きる権利を尊重する民主主義発展の一つの現れであるが、その結果、経済活動は停止ないしは停滞した。

アメリカ商務省が発表した二〇二〇年通年の実質ＧＤＰ成長率は、新型コロナウイルス感染拡大の影響で前年比マイナス三・五％となり、通年でみると、リーマン・ショック後の二〇〇九年（マイナス二・五％）以来一一年ぶりのマイナス成長となった。四半期ごとに対前期比（年率）をみると、二〇二〇年第Ⅰ四半期マイナス五・〇％、第Ⅱ四半期マイナス三一・四％、第Ⅲ四半期プラス三三・四％、第Ⅳ四半期プラス四・〇％となっている[15]。

ユーロ圏（一九カ国）の二〇二〇年の実質ＧＤＰ成長率は、前年比マイナス六・八％となり、記録のある一九九六年以降最大の落ち込みとなった[16]。四半期ごとにみると、対前期比で第Ⅰ四半期マイナス三・七％、第Ⅱ四半期マイナス一一・七％、第Ⅲ四半期一二・四％、第Ⅳ四半期マイナス〇・七％、対前年比で第Ⅰ四半期マイナス三・二％、第Ⅱ四半期マイナス一四・七％、第Ⅲ四半期マイナス四・三％、第Ⅳ四半期マイナス五・一％となっている。

日本の二〇二〇年実質ＧＤＰ成長率はマイナス四・八％、二〇〇九年（マイナス五・七％）以来、一一年ぶりのマイナス成長となった。四半期別（対前期比）を見ると、第Ⅰ四半期マイナス〇・六％（年率マイナス二・一％）、第Ⅱ四半期マイナス八・三％（年率マイナス二九・二％）、第Ⅲ四半期五・三％（年率二二・九％）、第Ⅳ四半期三・〇％（年率一二・七％）となっている[17]。

これらの諸国では、感染封じ込めのため対人接触と移動を厳しく制限した時期に経済が落ち込み、制限を解除するとプラス成長に転じるという傾向がはっきり示された。対して、感染拡大を早期に抑え込んだとされる中国は、国家統計局の発表によると、二〇二〇年通年の実質ＧＤＰ成長率は前年比二・三％となった。四半期別（対前期比）でみると、第Ⅰ四半期マイナス六・八％、第Ⅱ四半期三・二％、第Ⅲ四半期四・九％、第Ⅳ四半期六・五％となり、新型コロナウイルスの影響で大きく落ち込んだ第Ⅰ四半期からの回復傾向が続いている。[18]

このように感染拡大をほぼ封じ込めることができれば、経済活動も動きだす。しかし、感染拡大防止策は対人接触と人の移動を厳しく制限し、経済活動は停止ないし停滞する。ここから、感染防止策と経済活動を対立させる認識が生まれ、いずれを優先すべきかをめぐる社会的な対立も生まれた。医学的見地と経済的見地、専門家の判断と市民の意思、健康に生きる権利と移動・営業の自由、行動制限・行動監視と行動の自由・プライバシー保護など、原理的な諸対立が露わとなり、科学にもとづく民主的な政策決定とその実施をめぐる政府、専門家、および市民の間での意思疎通の課題が浮き彫りにされた。

二〇〇九年の新型インフルエンザ（Ａ／ＨＩＮＩ）流行への対応の経験を踏まえた厚生労働省への提言「新型インフルエンザ（Ａ／ＨＩＮＩ）対策総括会議 報告書」（二〇一〇年六月一〇日）は、すでに「国における意思決定プロセスと責任主体を明確化するとともに、医療現場や地方自治体などの現場の実情や専門家の意見を的確に把握し、迅速かつ合理的に意思決定のできるシステムとすべき」としたうえで、「可能な限り議論の過程をオープンにすることも重要」と指摘していた。さらに政府、専門家、および市民の間での意思疎通について「「正確」な情報を、きめ細かく頻繁に、具体的に発信するように工夫すべき」こと、「現場の医療関係者、専門家などからの意見聴取に当たっては、議事録を作成するなど議論の透明性を確保」し「正確な意見集約や広報に努めるべき」こと、「施策の内容伝達や決定に当たっては、その背景や根拠などを開示して、分かりやすく伝えるべき」こと、等を指摘した。[19] 残念ながら、この提言は十分に活かされなかった。

2. 雇用悪化

経済活動の停止ないし停滞によって、雇用は悪化した。

完全失業率の推移（月次）をみると、アメリカは二〇二〇年一月三・五％が四月には一四・八％まで跳ね上がり、その後、徐々に回復しているが二〇二一年一月には六・三％となっている。イギリスは二〇二〇年一月四・〇％

が一一月には五・一%まで高まった。ドイツは二〇二〇年一月三・四%が一二月には四・六%まで高まった。フランスは二〇二〇年一月七・七%が七月に九・四%まで高まり、一二月八・九%と高止まりしている。日本は二〇二〇年一月二・四%が一〇月に三・一%に達し、二〇二一年一月二・九%と高止まりしている[20]。

同様に完全失業者数の推移（月次）をみると、アメリカは二〇二〇年一月五八〇万人が四月には二三一一万人まで跳ね上がり、その後、徐々に回復しているが二〇二一年一月一〇一三万人となっている。イギリスは二〇二〇年一月一三六万人が一一月には一七四万人まで増加した。ドイツは二〇二〇年一月一五一万人が一二月には二〇二万人まで増加した。フランスは二〇二〇年一月二二八万人が七月に二七九万人に達し、その後やや回復して一二月は二六一万人となっている。日本は二〇二〇年一月一六四万人が一〇月に二一五万人に達し、その後やや回復して二〇二一年一月二〇三万人となっている[21]。

ＣＯＶＩＤ－19パンデミックの雇用への影響は失業率や失業者数だけでは測れない。日本について、総務省統計局「労働力調査」によりながら、少し詳しく見てみよう。

就業者数（季節調整値）は、二〇一九年一二月六七五七万人が二〇二〇年四月に六六二九万人まで減少し（前年同月比八〇万人減）、その後増減ありながら徐々に回復し、一二月六六八三万人（同七四万人減）、二〇二一年一月六六九四万人（同四七万人減）となっている。雇用者数（季節調整値）は、二〇一九年一二月六〇三七万人が二〇二〇年六月に五九二三万人まで減少し（前年同月比九一万人減）、その後増減ありながら徐々に回復し二〇二〇年一二月五九七九万人（同五八万人減）、二〇二一年一月五九八九万人（同四八万人減）となっている。失業者数（季節調整値）は、二〇一九年一二月一五五万人が二〇二〇年一〇月二一五万人にまで達し（前年同月比五〇万人増）、その後二〇二〇年一二月二一〇万人（同五五万人増）、二〇二一年一月二〇三万人（同三九万人増）となっている。

休業者数は、二〇一九年一二月一八六万人が二〇二〇年四月五九七万人（前年同月比四二〇万人増）、五月四二三万人（同二七四万人増）にふくれ上がった。その後、一〇月に一七〇万人（同一二万人増）にまで減少したが、その後、再び増加傾向となり、二〇二一年一月には二四四万人（同五八万人増）となっている。

雇用調整助成金による休業手当への支援などを利用して、雇用は維持しつつ、一時的な休業によって乗り切ろうとする動きは見てとれる。しかし、波状的に襲う感染拡大と感染防止策の徹底によって、雇用維持が困難となる企業は増大したと見られる。実際、都道府県労働局の聞き取り情報や公共職業安定所に寄せられた相談・報告等にもとづく厚生労働省「新型コロナウイルス感染症に起因する雇用への影響に関する情報について（三月一二日現在集計分）」によると、雇用調整の可能性のある事業所数（月次）は二〇二〇年五月の一六七四五からしだいに増大し、七月二五二六二となった。その後、一定の増減はありながらも減少傾向となり、二〇二一年二月は二四一五となっている。解雇等の見込み労働者数は二〇二〇年五月一二九四九人がピークとなっているが、六月一二六八八人、七月一一九八〇人、八月八九三五人、九月一一二九八人と高水準が続き、その後、減少傾向に入って二月五四一二人となったが、三月は一二日までで五七四〇人に達している[22]。

再び「労働力調査」によって自営業主数のうち一般雇無業主数をみてみると、二〇一九年一二月三七九万人が二〇二〇年五月には四二九万人にまで増大した（前年同月比一六万人増）。その後、徐々に減少し、二〇二一年一月には三八九万人となっている。断言できないが、この時期、一時的に業務委託や請負で生計を維持しようとする人々が増大したとも考えられる。さらに、非労働力人口は二〇一九年一二月四一七三万人が二〇二〇年四月四二六〇万人にまで増大し（前年同月比五六万人増）、その後、徐々に減少して二〇二一年一月四一六七万人となっている。緊急事態宣言下で求職活動もままならなかった人々が相当数存在したことが推定され、その後、求職活動が開始する人々が増えて失業者数が増大したと見られる。

さらに経済活動の停止または停滞にともなう労働時間の減少が、とりわけ労働時間単位で賃金を支払われる非正規雇用労働者の生活を脅かしている。野村総合研究所が二〇二一年二月に実施した「パート・アルバイト就業者の実態に関する調査」では、パンデミック前に比べ勤務のシフトが減少している人が女性で二九・〇％、男性で三三・九％、そのうち五割以上減少している人が女性で一三・一％、男性で一六・五％であった。そのうえでシフトが五割以上減少し、休業手当を受け取っていない人を「実質的失業者」と名づけ、その数は女性で一〇三・一万人、男性で四三・四万人に上ると推計する[23]。

このことからもその一端が分かるように、ＣＯＶＩＤ－19パンデミックによる雇用悪化は、社会的な格差を伴って現れた。この点については、後にさらに見てみたい。

3. 多層的な二極化と資産バブル

このように、ウィズCOVID－19の経済は全体として停滞を余儀なくされている。また、雇用の悪化も深刻である。しかし、より詳細に見ると、そこには多層的な二極化が見られる。日本経済について見てみよう。

まず実体経済において、多層的な二極化が見られる。財務省が二〇二一年三月二日に発表した二〇二〇年一〇〜一二月期の法人企業統計によると、全産業（金融・保険業を除く）の経常利益は一八兆四五〇五億円で前年同期比マイナス〇・七％となっている。二〇二〇年四〜六月期のマイナス四六・六％からは一定の回復を見せた（二〇二一年一月からの二度目の緊急事態宣言によって、二〇二一年一〜三月期には再度の落ち込みが予想されるが）。

ただし、製造業と非製造業とでは、その様相は大きく異なる。中国の景気回復による輸出増などに支えられて製造業の経常利益は二一・九％増と二年半ぶりに前年同期を上回った。これに対し、非製造業のそれは前年同期比一一・二％減とマイナスが続く。経常利益の前年同期比を見ると、製造業の中でも、鉄鋼が一九六・三％増、はん用機械七一・七％増、生産用機械七一・七％増、輸送用機械六八・一％増、業務用機械五二・九％増など、利益を大きく伸ばした産業がある反面、食料八・〇％減、化学二・二％減など、依然としてマイナスとなっている産業も存在する。非製造業の中でも、電気業一〇七・九％減、運輸業・郵便業一〇二・六％減、サービス業三六・九％減などは非常に厳しい状況が続いているが、建設業四一・一％増、卸売業・小売業三〇・四％増など、利益を回復している産業もある。

このように、実体経済は多層的な二極分化、ないしはまだら模様を示しているのであるが、株価に代表される資産価格はさらにそこから乖離して活況を呈してきた。世界保健機構（WHO）のテオドス事務局長がCOVID－19パンデミックを宣言した直後の二〇二〇年三月一九日、日経平均株価は一六五五二円八三銭の安値をつけた。しかし、その後、上昇傾向となり、二〇二一年二月一五日には一九九〇年八月以来三〇年六カ月ぶりに三万円を超え、一六日には三〇四六七円七五銭の直近最高値をつけた。その後、調整局面に入り三月中は二万八千円台半ば〜三万円超で上値と下値を探るように変動した（三月二六日現在）。

この背景には、アメリカの財政支出による景気回復への期待、ワクチン接種の拡がりによる世界全体の景気回復期待、ポストCOVID－19でのデジタル技術や環境技術への期待などがあることは間違いない。しかし、それだけではなく、各国の大規模な金融緩和と積極的な財政政策が重要な要因となっている。主要中央銀行の総資産は約四割増え、GDPの五％規模の財政出動が行われたとされる[24]。日本銀行は二〇一三年四月の「異次元緩和」以来、総資産を増大させてきたが、その増大はいっそう進んだ。日本銀行「営業毎旬報告」によると、二〇一九年一二月三一日時点で約五七三兆円であった総資産は二〇二一年三月一〇日現在約七一三兆円七千億円に膨らんでいる。約二四％増である。日本政府の経済対策費は、二〇二一年度予算まででGDPの五割近くに達したとされる[25]。市中に溢れるマネーが株式をはじめとした資産に向かい、資産バブルの様相を呈している。

Ⅱ　COVID－19が社会の矛盾を暴き出す

1．社会の格差を暴き出す

COVID－19パンデミックは、世界中で社会の格差構造を暴き出している。

二〇世紀末以来、貧富の格差は世界的に拡大してきたが、パンデミック下でいっそう拡大した。スイスのUBSなどによると、保有資産一〇億ドル以上の二千人余りの超富裕層は一年足らずで資産を二兆円増やした。他方、世界の飢餓人口は二〇一九年の六億九千万人から二〇二〇年には従来予測より八三〇〇万人～一億三二〇〇万人上振れするとされる[26]。

社会の格差構造は、COVID－19の流行状況にも反映している。アメリカ疾病対策センター（CDC）によると、二〇二〇年一一月末時点で黒人の感染者数は白人の一・四倍、入院患者数は三・七倍、死亡者数は二・八倍にのぼる。ヒスパニックや先住民はさらに高い傾向がある[27]。

日本について、周燕飛「新型コロナウイルスと雇用・暮らしに関するNHK・JILPT共同調査結果概要」[28]によって、雇用への影響を見てみよう。

この調査では、四月一日以降の約七カ月間について「解雇・雇止め」、「自発的離職」、「労働時間半減三〇日以上」、「休業七日以上」、「変化なし」の五項目で回答を求め、前四項目のいずれかを経験した者を「上記いずれかの変化あり（以下、「変化あり」と略す）」として集計している。全体集計では、「解雇・雇い止め」一・九％、「自発的離職」三・八％、「労働時間半減三〇日以上」五・八％、「休業七日以上」一四・七％で「変化あり」二二・二％となっており、二割強の労働者が雇用悪化を経験した。ただし、正規雇用者と非正規雇用者、男性と女性、業種別で雇用悪化の状況は大きく異なる。

正規・非正規の別では、正規雇用者が「解雇・雇い止め」一・一%、「自発的離職」二・九%、「労働時間半減三〇日以上」三・八%、「休業七日以上」一一・四%、「変化あり」一六・七%に対し、非正規雇用者は「解雇・雇い止め」三・五%、「自発的離職」五・七%、「労働時間半減三〇日以上」九・七%、「休業七日以上」二二・一%、「変化あり」三三・三%で、それぞれ二・四ポイント、二・八ポイント、五・九ポイント、九・七ポイント、一六・六ポイント、非正規雇用者の数値が正規雇用者のそれを上回る。パンデミックによる雇用悪化は、非正規雇用者においてより深刻である。

男女別では、男性が「解雇・雇い止め」一・七%、「自発的離職」三・二%、「労働時間半減三〇日以上」四・三%、「休業七日以上」一二・四%、「変化あり」一八・七%に対し、女性は「解雇・雇い止め」二・一%、「自発的離職」四・六%、「労働時間半減三〇日以上」七・五%、「休業七日以上」一七・三%、「変化あり」二六・三%で、それぞれ〇・四ポイント、一・四ポイント、三・二ポイント、四・九ポイント、七・六ポイント、女性の数値が男性のそれを上回る。ちなみに男性正規雇用者と女性非正規雇用者を比べると、男性正規雇用者が「解雇・雇い止め」一・一%、「自発的離職」二・五%、「労働時間半減三〇日以上」三・四%、「休業七日以上」一一・〇%、「変化あり」一五・九%に対し、女性非正規雇用者は「解雇・雇い止め」三・〇%、「自発的離職」五・三%、「労働時間半減三〇日以上」一〇・〇%、「休業七日以上」二一・七%、「変化あり」三三・一%で、それぞれ一・九ポイント、二・八ポイント、六・六ポイント、一〇・七ポイント、一七・二ポイント、女性非正規雇用者の数値が男性正規雇用者のそれを上回る。男性より女性、それも女性非正規雇用者の雇用悪化が深刻である。

産業別では、飲食サービス業・宿泊業や生活関連・娯楽等サービス業での雇用悪化が顕著である。飲食サービス業・宿泊業就業者の男性は「解雇・雇い止め」六・〇%、「自発的離職」七・九%、「労働時間半減三〇日以上」二八・四%、「休業七日以上」五二・四%、「変化あり」七五・六%で、それぞれ四・三ポイント、四・七ポイント、二四・一ポイント、四〇・〇ポイント、五六・九ポイント、男性全体の数値を上回る。同じく女性は「解雇・雇い止め」三・九%、「自発的離職」五・五%、「労働時間半減三〇日以上」二五・二％、「休業七日以上」四三・四％、「変化あり」五八・一％で、それぞれ一・八ポイント、〇・九ポイント、一七・七ポイント、二六・一ポイント、三一・八ポイント、女性全体の数値を上回る。生活関連・娯楽等サービス業については「変化あり」のみを示すが、男性が二六・〇％で男性全体の数値を七・三ポイント上回り、女性は三八・五％で女性全体の数値を一二・二ポイント上回る。対人接触と人の移動を前提条件とするこれらのサービス業において、感染防止のためのそれらの制限が深刻な雇用悪化を生んだのである。また、これらのサービス業では女性が多く働いており、このことが雇用悪化の男女間格差の一要因となっている。

さらに年齢別で見ると、若年層の雇用悪化がより深刻である。酒光一章は、「労働力調査」によって二〇二〇年四〜九月と二〇一九年同時期を比較し、完全失業率上昇幅、就業率低下幅がいずれも若年者ほど大きいこと、学生アルバイトの雇用が減少していることを示したうえで、ＪＩＬＰＴ「新型コロナウイルス感染拡大の仕事や生活への影響に関する調査」にもとづく分析によって、パンデミック前の通常月と比べて直近の所得が減少したという者は若年者ほど多く、収入が三割以上減少した者について見ても同様で、特に二〇歳代、三〇歳代で三割以上収入が減少したという者が多いことを明らかにした。属性をコントロールしても二〇歳代、三〇歳代において収入面への影響が大きいという結果は変わらないという。[29] なお、大学生のアルバイト月収については、全国大学生活協同組合連合会の第五六回学生生活実態調査も、自宅生は二〇一九年四一二三〇円から二〇二〇年三七六八〇円に三五五〇円（八・六％）減、下宿生は三三六〇〇円から二六三六〇円に七二四〇円（二一・五％）減となったことを示す。[30]

日本では、ＣＯＶＩＤ‐19パンデミックによって、非正規雇用者、女性、若年者、対人サービス業就業者がより深刻な雇用悪化を経験している。

2．社会の脆弱性を暴き出す

ＣＯＶＩＤ‐19パンデミックは、各国でその社会の脆弱性を暴き出した。日本で暴き出された脆弱性の一つは、一九八〇年代以来の医療費抑制政策のなかで保健医療の備えが貧弱化していたことである。

ＳＡＲＳコロナウイルス２の一つの特徴は、無症状感染者が感染を拡げることである。だから、その感染拡大を抑え込むには大規模検査を迅速に行うことが必要であった。

しかし、日本における検査数はいっこうに増えなかった。その大きな要因は、感染症対策体制が貧弱になっていたことにある。

全国保健所長会のまとめによると、感染症検査の最前線を担うべき保健所は一九九一年には八五二所あったが、整理統合が進み、二〇二〇年には四六九所となった。三〇年間で三八三所、四五・〇%の減少である。[31]さらに感染症対策の中核を担う国立感染症研究所の研究費と人員も削減されてきた。二〇〇九年六一七億円だった研究費は二〇一八年には四一五億円に、二〇一〇年三三五人だった研究者数は三〇八人に減少した。[32]また、厚生労働省「医療施設調査」によれば、一九九〇年には一二一九九床あった感染症指定病床は二〇一九年には一八八八床となり、三〇年間で一〇三一一床、八四・五%も減少した。

先にも触れた「新型インフルエンザ（A／H1N1）対策総括会議報告書」（二〇一〇年六月一〇日）は、「厚生労働省のみならず、国立感染症研究所（感染症情報センターやインフルエンザウイルス研究センターを中心に）や、検疫所などの機関、地方自治体の保健所や地方衛生研究所を含めた感染症対策に関わる危機管理を専門に担う組織や人員体制の大幅な強化、人材の育成を進めるとともに、関係機関のあり方や相互の役割分担、関係の明確化等が必要である。特に国立感染症研究所については、米国CDC（疾病予防管理センター）を始め各国の感染症を担当する機関を参考にして、より良い組織や人員体制を構築すべきである」、「国立感染症研究所、保健所、地方衛生研究所も含めた日常からのサーベイランス体制を強化すべきである。とりわけ、地方衛生研究所のPCRを含めた検査体制などについて強化するとともに、地方衛生研究所の法的位置づけについて検討が必要である」と感染症対策の体制と人員の強化を求めていた。[33]

しかし、現実にはこれに逆行する事態が進行した。そのため、感染者の感染経路追跡のための検査だけで精一杯となり、さらに二〇二〇年一二月以降の感染第三波では、東京などで感染経路追跡も十分にできない状況が生まれた。二〇二一年三月一八日、二度目の緊急事態宣言全面解除に向けた「緊急事態宣言解除後の新型コロナウイルス感染症への対応」は、「モニタリング検査など感染拡大防止策の強化」をうたい、三月末までに高齢者施設従事者等に対する検査を集中的に実施することや繁華街・歓楽街等を中心に無症状者に焦点を当てた幅広いPCR検査等（モニタリング検査）を実施することを盛り込んだ。[34]同日の記者会見で菅義偉首相は、モニタリング検査を四月には一日五〇〇〇件の規模とすると述べた[35]。パンデミック宣言から一年、遅きに失している。

他方、医療現場では、感染症病床が足りず、一般病床でのＣＯＶＩＤ－19患者受け入れが強いられ、感染症への対応訓練を受けていない医師や看護師が手探りでその治療にあたることとなった。また、その治療にあたっては厳重な感染対策が必要であり、通常の医療行為よりも多くの医療設備、衛生資材、労力、時間を必要とした。そのため、医療機関と医療従事者は重い負担を負った。医療費抑制政策の結果、すでに医療機関の経営難、医師や看護師の不足と過重労働が問題化していたが、ＣＯＶＩＤ－19パンデミックにより問題はより深刻化した。

こうしたなかで、第一にＣＯＶＩＤ－19患者受け入れのための病床確保そのものが困難となった。日本経済新聞社のまとめによると、二〇二〇年五月一日、厚生労働省は全国の確保想定病床数を三一〇七七としたが、二〇二一年三月九日現在、全国の確保病床数は三〇四五七であり、当初の想定数に届いていない[36]。

第二に、医療機関の経営が悪化した。日本病院会、全日本病院協会、日本医療法人協会が合同で実施した二〇二〇年度第３四半期の病院経営状況の調査[37]によると、医業収支赤字の病院数は二〇二〇年一〇月四五一病院（全病院一四一九の三一・八％）で前年同月比二四増（一・七ポイント増）、一一月六五五病院（四六・二％）で同一九〇増（一三・四ポイント増）、一二月九三三病院（六五・八％）で同二九増（二・一ポイント増）となった。ＣＯＶＩＤ－19患者の受入状況ごとに医業収支赤字の病院数を見ると、受入なしの病院でも、一〇月二八八病院（受入なし病院九九〇の二九・一％）で前年同月比一四増（一・四ポイント増）、一一月三八三病院（九〇六病院の四二・三％）で同一一二増（一二・四ポイント増）、一二月五〇五病院（八三九病院の六〇・二％）で同九増（一・一ポイント増）となっている。受入ありの病院では、一〇月一六三病院（受入あり病院四二九の三八・〇％）で前年同月比一〇増（二・三ポイント増）、一一月二七二病院（五一三病院の五三・〇％）で同七八増（一五・二ポイント増）、一二月四二八病院（五八〇病院の七三・八％）で同二〇増（三・五ポイント増）となり、より経営状況が悪化している。さらに一時的に外来病棟を閉鎖した病院では、一〇月五六病院（閉鎖病院一〇八の五一・九％）で前年同月比一三増（一二・一ポイント増）、一一月九二病院（一四三病院の六四・三％）で同四〇増（二七・九ポイント増）、一二月一五五（一八九病院の八二・〇％）で同一八増（九・五ポイント増）と、状況はより深刻である。

病院経営の悪化は、医療従事者の待遇にも影響を及ぼす。二〇二〇年冬期一時金を減額支給した病院は回答した全一四七五病院の三八・一％、帰国者接触者外来設置六四七病院の四三・九％、COVID‐19入院患者受け入れ六一七病院の四三・三％であった。

第三に、病院経営悪化と表裏の関係として、一般患者の受診困難や受診控えが拡がった。病院経営悪化の主な要因は、診療行為による医業収益の減少である。有効回答全病院の医業収益は二〇二〇年一〇月は前年同月比〇・二％増だったが、一一月同三・三％減、一二月同一・九％減となった。COVID‐19患者受入なし病院では一〇月前年同月比〇・五％増、一一月同二・六％減、一二月同〇・八％減、受入あり病院では一〇月前年同月比〇・〇％増、一一月同三・六％減、一二月同二・三％減、一時的に病棟を閉鎖した病院では一〇月前年同月比二・〇％減、一一月同六・五％減、一二月同五・八％減である。

この医業収益の減少は診療行為の減少を意味する。医業収益が主に診療行為による出来高払い診療報酬によるからである。実際、同調査によると、外来患者数も、入院患者数も、手術件数や検査件数も、救急受入数も前年同月比で減少した。

このことは、命にかかわる事態も生む。救急患者の受け入れが困難となる状況の増大は、その端的な現れである。総務省消防庁の調べによると、救急搬送困難事案（救急隊による「医療機関への受入れ照会回数四回以上」かつ「現場滞在時間三〇分以上」の事案として、各消防本部から総務省消防庁に報告があったもの）は感染第一波時のピーク（二〇二〇年四月第二週）で一七八〇（対前年同期比七七八増）、第二波時のピーク（八月第三週）で二〇七五（同九三七増）、第三波時のピーク（二〇二一年一月第三週）で三三一七（同一七八三増）となった[38]。

第四に、医療従事者は感染の不安とたたかいながら厳しい労働を強いられた。

京都医療労働組合連合会が二〇二〇年一〇月～一二月に実施したアンケート調査（組合員二一七六人から回答[39]）によると、人員体制や業務内容の労働条件の変更などがあったとの回答が五六六人（二四・九％）となった。その内容を見ると（自由記載・複数回答）、「業務拡大」が最多で一九五人（「変更あり」の三四・五％）、その内訳は、感染対策（一〇三人）、発熱外来（二四人）、コロナ患者の受け入れ病棟の対応（一七人）、面会制限・禁止の対応（一七人）、他科の患者対応（一四人）、ＰＣＲ検査（一一人）、患者検温（一一人）などである。

「業務拡大」に続いて、「人員不足・削減」九四人、「応援体制による業務変更」四八人、「勤務変更」四六人、「業務縮小」三九人、「増員・夜勤体制強化」一二人となった。ＣＯＶＩＤ－19患者受け入れ病棟（夜勤体制強化も含む）や発熱外来に人員が集中し、ほかの病棟で「人員不足・削減」が深刻化し、さらに職員の退職や陽性者発生による出勤停止に対して職員が補充されない状況もあるという。他方、外来、健診業務やベッドサイドのリハビリ、栄養指導・服薬指導、デイケアなどの「業務縮小」があり、そうした業務に携わる非常勤職員が勤務できないなどの事態も報告された。

また、マスク、ガウンなど衛生材料が「充足している」との回答が四九六人（二一・八％）、「不足している」との回答が一〇七七人（四七・三％）、職員に対してのＰＣＲ検査が症状の有無や接触の程度に関わらず「行われている」との回答が二四五人（一〇・八％）、「行われていない」との回答が一四七八人（六四・九％）となり、医療従事者が感染の不安のなかで業務に携わっている実態も示された。

終わりに

本稿はウィズＣＯＶＩＤ－19の経済分析を課題としたが、実際には能力と紙幅の制限から粗削りなスケッチのみに終わった。包括的に事象を集めることもできず、特徴的な現象に触れるにとどまっている。なにより、政策的な対応について言及できなかった。とはいえ、この素描でも、ＣＯＶＩＤ－19パンデミックと感染防止策が経済活動に及ぼした影響の基本的特徴、ＣＯＶＩＤ－19が社会の脆弱性をつくように拡がり、結果として格差を増大させ、社会の諸矛盾を深化させたことは明らかになったと考える。

今後のウィズＣＯＶＩＤ－19、ポストＣＯＶＩＤ－19の経済については、ワクチン接種への期待、グリーンディールやデジタル・トランスフォーメーション（ＤＸ）などの新たな技術革新への期待が語られている。これらが何をもたらすかは今後の分析課題としたい。いずれにせよ、新たな経済のあり方の基本は、支配的な資本の利潤追求放任がもたらした社会の脆弱性の修復と社会的な格差の是正でなければならない。

注

（1）すでにウィズＣＯＶＩＤ-19、ポストＣＯＶＩＤ-19の経済については、さまざまな著作が出版されている。なかでも友寄英隆『コロナパンデミックと日本資本主義』（学習の友社、二〇二〇年）は、著者自身は「中間的な分析」とするが、包括的な内容で、本稿と問題意識を共有する部分も多い。

（2）ウィリアム・Ｈ・マクニール（佐々木昭夫訳）『疫病と世界史』中公文庫、二〇〇七年、下巻、二〇八～二〇九ページ、二一〇ページ。マクニールは、こんにちの人類にとってのミクロ寄生の脅威として、これ以外に衛生状態が向上した結果として生じる病気（ポリオの例が挙げられている）や細菌兵器の開発を挙げる。

（3）同上書、上巻、三一ページ。

（4）同上書、上巻、八七ページ。

（5）同上書、上巻、一〇三ページ。

（6）同上書、上巻、三七ページ。

（7）同上書、上巻、第三章～下巻、第六章を参照。

（8）同上書、下巻、第五章を参照。

（9）同上書、下巻、第六章を参照。

（10）マルクス『新版 資本論』第一部、新日本出版社、第二分冊、三一〇ページ。

（11）同上書、第三分冊、八八〇～八八一ページ。

（12）秋間実訳『科学的社会主義の古典選書　エンゲルス自然の弁証法〈抄〉』新日本出版社、六三ページ。

（13）友寄、前掲書、一二三ページ。

（14）マルクス、前掲書、第三分冊、七八二～七八四ページ。

（15）ＪＥＴＲＯ「ビジネス短信　米ＧＤＰ成長率、二〇二〇年第4四半期は四・〇％、通年でマイナス三・五％（米国）」二〇二一年二月一日、https://www.jetro.go.jp/biznews/2021/02/6fd14c4f48031d7b.html（二〇二一年三月七日取得）

（16）日本経済新聞、二〇二一年二月三日

（17）内閣府経済社会総合研究所国民経済計算部「二〇二〇年一〇～一二月期四半期別ＧＤＰ速報（1次速報値）」二〇二一年二月一五日、同「二〇二〇年七～九月期四半期別ＧＤＰ速報（2次速報値）」二〇二〇年一二月八日

（18）ＪＥＴＲＯ「ビジネス短信　二〇二〇年の実質ＧＤＰ成長率は二・三％、輸出と投資が牽引（中国）」二〇二一年一月一九日、https://www.jetro.go.jp/biznews/2021/01/e64a1ecf01af7904.html（二〇二一年三月七日取得）

（19）「新型インフルエンザ（Ａ／Ｈ１Ｎ１）対策総括会議報告書」二〇一〇年六月一〇日、二ページ、四～五ページ。

（20）労働政策研究研修機構「新型コロナウイルス感染症関連情報：新型コロナが雇用・就業・失業に与える影響　国際比較統計：完全失業率」https://www.jil.go.jp/

kokunai/statistics/covid-19/f/f01.html（二〇二一年三月八日取得）

（21）労働政策研究研修機構「新型コロナウイルス感染症関連情報：新型コロナが雇用・就業・失業に与える影響国際比較統計：完全失業者数」https://www.jil.go.jp/kokunai/statistics/covid-19/f/f02.html（二〇二一年三月八日取得）

（22）厚生労働省「新型コロナウイルス感染症に起因する雇用への影響に関する情報について（三月一二日現在集計分）」、https://www.mhlw.go.jp/content/11600000/000753265.pdf（二〇二一年三月二〇日取得）

（23）梅屋真一郎、武田佳奈「なぜ「実質的休業」に支援の手が届かないのか―速やかな経済的支援と円滑な労働移動支援を―」二〇二一年三月四日、https://www.nri.com/jp/knowledge/report/lst/2021/cc/mediaforum/forum305（二〇二一年三月二二日取得）

（24）日本経済新聞、二〇二一年二月一六日

（25）日本経済新聞、二〇二〇年一二月二三日

（26）日本経済新聞、二〇二〇年一二月二一日

（27）日本経済新聞、二〇二〇年一二月二八日

（28）周燕飛「新型コロナウイルスと雇用・暮らしに関するＮＨＫ・ＪＩＬＰＴ共同調査結果概要―女性の厳しい雇用状況に注目して―」二〇二〇年一二月四日、https://www.jil.go.jp/tokusyu/covid-19/collab/nhk-jilpt/docs/20201113-nhk-jilpt.pdf（二〇二一年三月一三日取得）

（29）酒光一章「若年者に厳しい新型コロナの雇用・収入面への影響―ＪＩＬＰＴ個人調査の年齢別分析」ＪＩＬＰＴリサーチアイ 第五〇回、二〇二〇年一二月二日、https://www.jil.go.jp/researcheye/bn/050_201202.html（二〇二一年三月一三日取得）

（30）全国大学生活協同組合連合会「第五六回学生生活実態調査の概要報告」二〇二一年三月八日、https://www.univcoop.or.jp/press/life/report.html（二〇二一年三月一四日取得）

（31）全国保健所長会「保健所数の推移（平成元年～令和二年）」、http://www.phcd.jp/03/HCsuii/pdf/suii_temp02.pdf（二〇二一年三月一八日取得）

（32）友寄、前掲書、六四ページ。

（33）前掲「新型インフルエンザ（Ａ／Ｈ１Ｎ１）対策総括会議 報告書」四～五ページ。

（34）新型コロナウイルス感染症対策本部「緊急事態宣言解除後の新型コロナウイルス感染症への対応」二〇二一年三月一八日、https://www.kantei.go.jp/jp/singi/novel_coronavirus/th_siryou/kihon_r_030318_2.pdf（二〇二一年三月一九日取得）

（35）「新型コロナウイルス感染症に関する菅内閣総理大臣記者会見」二〇二一年三月一八日、http://www.kantei.go.jp/jp/99_suga/statement/2021/0318kaiken.html（二

〇二一年三月一九日取得)
(36) 日本経済新聞、二〇二一年三月一九日
(37)「新型コロナウイルス感染拡大による病院経営状況の調査(二〇二〇年度第3四半期)概要版」二〇二一年二月一六日、https://ajhc.or.jp/siryo/20210216_covid-19ank.pdf(二〇二一年三月二〇日取得)
(38) 総務省消防庁「各消防本部からの救急搬送困難事案に係る状況調査の結果(データベース)」、https://www.fdma.go.jp/disaster/coronavirus/items/coronavirus_data.pdf(二〇二一年三月二〇日取得)
(39) 京都医療労働組合連合会「新型コロナアンケート結果〝私たちの声を聞いて〟」二〇二一年三月一一日、http://www.labor.or.jp/iroren/313.pdf(二〇二一年三月二〇日取得)

*本稿は、関西唯物論研究会シンポジウム「コロナ危機と現代社会」(二〇二〇年一〇月三日)での報告を基礎に大幅に加筆修正し、二〇二一年三月二六日に脱稿した。

その後、日本ではワクチン接種がなかなか進まないなか、感染拡大の第四波、第五波が襲い、三回目、四回目の緊急事態宣言が発出された。第五波では感染力の強いデルタ型変異ウイルスへの置き換わりが進み、ワクチン接種による集団免疫獲得の困難も明らかになりつつある。そのような状況にもかかわらず、東京オリンピック・パラリンピックが強行された。本来であれば、これらについて新たな分析をつけ加えるべきだが、そのためには全面的な改稿が必要である。残念ながら、いまの私にその準備も時間もなく、いっさい改稿していない。これらの分析については他日を期したい。

(こうたき まさお・流通科学大学教授・経済学)

論文

歴史的不正義からの回復
――いかにして被害は語りうるものになるか――

伊勢俊彦

はじめに

近代の人類社会は、歴史的不正義というべきものをいくたびも経験してきた。ここで想定しているのは、奴隷制、植民地支配、一国内における独裁支配、侵略戦争や内戦等の武力紛争下での系統的な暴力の行使を伴う人権侵害である。

こうした歴史的不正義から生じた被害を補償し、被害者の尊厳を回復する上で、まず、暴力と人権侵害にかかわる事実を解明し、加害と被害の実態と、責任の所在を明らかにして、記録に残し、人々の記憶に留める措置を講じることが必要なのは、一見当然のことと思われる。じっさい、内戦の終結や体制の転換後には、「真実委員会」や「真実和解委員会」が設置され、内戦や旧体制のもとでの暴力と人権侵害にかかわる事実の解明に当たることがしばしばある。その典型的な事例として、アパルトヘイト後の南アフリカにおける真実和解委員会を挙げることができよう。

しかし、たとえば真実委員会のような公的な場で、誰が何をどのように語り、何が事実として認められるかということは、それ自体、さまざまな政治的・社会的条件によって制約される。旧体制を支持する勢力が、政治的理由から、旧体制下の人権侵害の事実を否定するかもしれない。屈辱的な暴力について率直に語ることが、そのような被害を恥とする人々によって妨げられたり、心理的な外傷ゆえに、被害者自身によって忌避されたりすることもありえよう。

本稿は、こうした阻害要因の存在をも考慮に入れながら、歴史的不正義の被害の語りが、いかにして成立しうるかを考察する。

第一節は、歴史的不正義という状況のもとで生じた人権侵害について、従来の刑事司法とは異なる被害者中心のアプローチによって進められる真実の解明の意義を概観し、そのよって立つ正義概念としての移行期正義と修復的正義について考察する。

第二節では、韓国における日本軍戦時性暴力の被害者が一九九〇年代に名乗り出、証言を始めて以来の、被害の聴き取りのあり方を時系列に沿って概観し、民間の団体による聴き取り作業が直面した問題について、それを克服するための聴き取り作業のオルタナティヴな枠組みとして、真実委員会のような公的機関を提示する。

第三節は、歴史的不正義としての性暴力の被害を聴き取る公的な機関が満たすべき条件について考察する。日本軍戦時性暴力被害者の事例に見られるように、性暴力被害者が自らの経験を語れるようになるには、しばしば長い時間の経過を必要とし、被害経験の聴き取りも長期間にわたる場合があるため、一定期間を区切って設置される真実委員会は性暴力被害を取り扱うのに限界があることを指摘したのち、真実委員会が性暴力を取り扱う上で実際に生じた問題を概観して、それらをクリアする公的な枠組みのあり方を考察する。

第四節では、歴史的不正義の被害の語りが提起する、応答責任への問いが差し向けられるのは誰に向かってなのか、また、語りの形成に関与する者は誰なのかについて考察し、応答責任を担うのは、直接の加害当事者だけでなく、被害の語りを受け止める者すべてであること、これらすべての責任の担い手が聴き手として語りの形成に関与することを明らかにして、そのような相互関係によって語りが成立する以上、語りのあり方は最終的に固定されるのではなく、被害はつねに語り直され続けることを指摘する

一　正義の回復と被害者中心性

移行期正義と事実の解明

武力紛争の終結や体制転換ののちに、武力紛争時や旧体制期の人権侵害に対処するべく策定・実施が試みられる多種多様な対応策、それらの対応策を先導する理念、そして各対応策が成功または失敗する過程をとりまく政治的・経済的・社会的状況を広く意味するものとしての「移行期正

義（transitional justice）」が、一九九〇年前後から研究主題として注目されるようになってきた（宇佐美 2013, p. 43）。以下、宇佐美の論考に従って移行期正義の内容を概観する。

上記のような人権侵害に対しては、実行者・命令者に対する刑罰と並んで、侵害の個別的事実及び全体的類型を調査し記録する真実委員会の設立、加害者や旧体制協力者を公務員職から排除する浄化、加害者の刑事責任を免責する恩赦・特赦、生存者・遺族への補償金支払や犠牲者・生存者の名誉回復、記念日創設や記念碑建立、軍・警察等の組織改革と人権教育、旧体制責任者による謝罪といったさまざまな対応策がとられうる（Ibid., p. 43）。

こうした諸政策の事例としてよくとりあげられるのが真実委員会、とりわけ、アパルトヘイト後の南アフリカにおける真実和解委員会の活動である。真実和解委員会は、加害者による十全な自白と引き替えに特赦を与えるという制度をとったため、一方では、真実のために正義を犠牲にしているという批判を受けている。他方、こうした批判者と同様に真実と正義を対立的にとらえた上でも、真実の解明が優先されるべきだという擁護論があり、またそれとは別に、生存者・遺族が被害体験を共感のある聴衆の前で証言することが、被害者の心理的回復に寄与するという点を強調する擁護者もいる（Ibid., p. 44）。

宇佐美は、真実委員会等をつうじた真実の解明が、被害者の心理的回復とは別に、それ自体として正義理念の実現に貢献しうる二つのしかたを挙げて、正義と真実を対立的に捉える見方を退けている。そのしかたの第一は、認知（acknowledgement）としての正義と特徴づけられる。事実認定は、加害者に対する処罰の前提となる。処罰が行われない場合でも、加害者の名指しは応報的正義の実現という意味を持つ。また、人権侵害の事実認定は、被害者の加害者に対する損害賠償請求の根拠となることを通じて、匡正的正義に資する。

真実の解明が正義を促進するもう一つのしかたは、承認（recognition）としての正義と特徴づけられる。政治的目的による系統的な殺人・拷問等の重大な人権侵害は、被害者が他の諸個人と等しい尊厳をもつことを否定する行為である。被害者の証言が共感をもって受け止め、記録され、無視されたり忘却されたりしてはならない歴史の一部として認められることは、被害者の尊厳を象徴的に回復するという表出機能をつうじて、正義の実現を促進する。被害者に対する経済的補償も、人権侵害の事実の認定を前提とすることによって、尊厳の回復という意味をもちうる。

真実和解委員会が真実のために正義を犠牲にしているという主張のもとにあるのは、加害者の処罰こそが正義の実現にとって不可欠かつ中心的であるという想定であろう。加害者の処罰はたしかに、応報的正義の実現の主要な手段である。さらに、人権侵害行為に対する非難を通じて、被害者の尊厳を回復する側面をももつ。しかし、刑事訴訟の手続きにおいては、被告人の有罪／無罪の判断が焦点となるため、被害者の証言は、その全体において受け止められるのではなく、被告人の有罪／無罪に関連する限りでのみ意味を与えられ、反対尋問にさらされる。これに対して、真実委員会においては、被害者が、発言を遮られず、問い詰められず、反対尋問にもさらされることもなく、自らの経験を語り、共感をもって受け止められる。真実委員会の特徴は、こうした被害者中心性にもあると宇佐美は述べている（Ibid., pp. 50f.）。

被害者中心性の位置づけと「修復的正義」

従来の刑事司法と対照的な被害者中心性は、「修復的正義」と呼ばれるアプローチの特徴でもある。松本克美は、修復的正義の視点から日本軍従軍「慰安婦」被害に対する法的責任を論じ、伝統的刑事司法が、被害者をもっぱら犯罪の対象、証拠として扱うのに対して、被害者の被害からの回復に焦点をおく点に修復的正義の特徴を見る。被害者の回復の手段としては、民事の損害賠償責任の追及があるが、金銭賠償が行われる場合も、金銭に、被害者と加害者のあいだの損なわれた関係を修復し、被害への応答責任を尽くすという意味を込めることができ、それが被害者が回復するために重要であるという関係的責任論の視点も、修復的正義と相通ずるものであると松本は述べている（松本 2017, pp. 2f.）。

修復的正義の概念は真実和解委員会の働きを特徴づけるのにもしばしば用いられてきた。しかし、宇佐美は、通常犯罪に対する修復的正義の実践と真実和解委員会の活動とのディスアナロジーを指摘して、真実和解委員会を修復的正義の制度化と捉えることに疑問を呈している（宇佐美 Op. cit., p. 50）。一方、松本は、「慰安婦」被害の回復のための措置として、日本政府が「慰安婦」被害の重大性を認めること、被害の事実とその原因の解明、二度とこのような被害を起こさないこと、そのための事実の記録と記憶の継承、こうした措置を伴うことを前提とした上での金銭的賠償を挙げ、これらの前提には、修復的正義の実現の意図が見出せるとしている（松本 Op. cit., pp. 3f.）。してみると、松本が修復的正義の実現として構想している内容は、宇佐美の言う「認知としての正義」「承認としての正義」と大きく重なっていると言える。

他方、修復的正義の理念で真実和解委員会を意義づけようとする議論の中では、被害者が共感ある聴衆の前で証言することから生じうる癒しが強調される場合がある（宇佐美 Op. cit., p. 44）。これに対して宇佐美は、真実の解明によって、被害者の尊厳を象徴的に回復する表出機能を通じて承認としての正義に資するという真実和解委員会、また一般に真実委員会の役割は、癒しという心理的効果の有無・如何によらないと述べている（Ibid., p. 51）。

宇佐美が考察対象とする南アフリカのアパルトヘイト体制下での人権侵害と、松本が考察対象とする日本軍による戦時性暴力は、いずれも、歴史的不正義の重要な事例である。しかし、両者がそれぞれの事例について焦点を当てる局面はたがいに異なっている。松本は、戦時性暴力被害についての事実が、一九九〇年代以来の当事者の訴えと支援者の聴き取り、記録の努力を通じて明らかにされてきたことを前提に、それに対する日本政府の法的責任について、被害者中心のアプローチで考察している。それに対して宇佐美は、真実和解委員会の活動に焦点を当て、アパルトヘイトの下での人権侵害被害の事実の解明が、従来の刑事司法とは異なる被害者中心的なしかたで行われている点に注目する。松本が、明らかにされた事実にいかに対処するかを論じているのに対し、宇佐美は、事実に対処する前提として、事実がいかに明らかにされるか、その過程をも考察の範囲に含めていると言える。

修復的正義という概念は、一方では、通常犯罪の場合に、従来の刑事司法がもっぱら加害者の有罪無罪に焦点を当て、被害者を犯罪の対象や証拠として扱うのに対し、それを補完ないし代替するアプローチとして、家族や地域といった共同体のメンバーと専門家が協力して、加害者と被害者の関係の修復、双方の共同体への再包摂を促す実践を特徴づけるものである。他方、系統的な暴力や人権侵害からの被害者の回復を目的とする諸方策に、修復的正義の概念が幅広く適用される場合がある。両者のアナロジーとディスアナロジーをどう見るかという問題はさておき、歴史的不正義からの回復を目指すときに、被害者中心的なアプローチが重要であることについては、誰しも異論のないところであろう。ここで考えてみたいのは、不正義からの回復の前提となる真実の解明の過程で、被害についての語りがいかにして形成されうるか、そして実際いかにして形成されるのかということである。

二　韓国における戦時性暴力被害の語り

日本軍戦時性暴力による被害の語り：最初の名乗り出から広がった動き

韓国における日本軍戦時性暴力の被害当事者による語りとその記録は、一九九一年夏、金学順が韓国挺身隊問題対策協議会（挺対協）のメンバーに対して行った自らの被害体験の訴えに始まる。彼女の証言は録音され、その内容は、八月一一日、『朝日新聞』の植村隆記者の記事によって公表された（植村 2016, p. 217 に再録）。八月一四日には金学順が挺対協とともに記者会見を行い、自らの被害を社会に向けて公表した（Ibid., pp. 32ff., 山下 2016, pp. 174ff.）。

半世紀に近い沈黙を経て被害者として名乗り出、被害体験を語ることを可能にしたものは何か。山下は、「彼女の思いを受け止め、支援することのできる運動団体」、つまり挺対協の存在を指摘する（Ibid., p. 185）。

挺対協とは、韓国では当時「挺身隊」と呼ばれていた「慰安婦」問題の解決のために組織されていた女性団体の連合体であり、その事務所や実務は教会女性連合（教女連）によって担われていた。金学順は、教女連の支援を受けていた在韓被爆者の女性と行政の提供する就労事業で知り合い、ともに日本の植民地支配の被害者であるとの共感をつうじて、教女連の事務所で自らの被害を語り出すに至ったのである。

挺対協の土台になったのは、「挺身隊」問題の調査を続けてきた尹貞玉を中心とする韓国の女性学研究者の活動、そして七〇年代から売春観光に反対してきた教会女性連合と民主化運動の流れから生まれた韓国女性団体連合であった。

金学順の名乗り出は、他の被害女性たちの被害の申告を受け付ける申告電話の設置につながり（Ibid., p. 187）、それはさらに、韓国政府による被害者センターの設置、被害申告の受付につながっていく（Ibid., p. 190）。また、他の被害女性たちが多数名乗り出たことによって、被害女性同士のつながりが生まれていった。さらに、国連への訴えを通じて、国際的な連帯活動も始まっていく（Ibid., p. 192）。

日本軍戦時性暴力による被害の語り：語りを聴き取ることに伴う問題

このような経過の中で現れた被害女性たちに対して、研究者らからなる「挺身隊研究会」による証言の聴き取り作業が、一九九二年春から本格的に始まる。しかし、被害者からの証言を聴き取るという作業は、聴き取る相手との関係、聴き取りの場面や状況によって、被害者中心性を欠き、むしろ被害者を傷つけるものともなりうる。

当初の聴き取り作業は、日本政府に問題を認知させ、謝罪と賠償を求める法廷闘争のために、客観的に裏付けられる事実を明らかにすることを目標に置き、証言の内容は年代順に整理する形で出版された。このような聴き取りのあり方は、被害者を対象化しているという批判を受けることになる。これは、法廷闘争を目的としたことから、ある程度不可避であったとも言える。しかしながら、それは、「三人称の視点から」、客観的に被害者の語りを取り扱う点で、従来の刑事司法同様、既存の制度の枠組みに被害者の経験をはめ込むという批判を免れないであろう（小松原 2017, pp. 63, 66）。こうした経過を受けて、聴き取りの目標は、被害者の語りをそのまま復元することに置かれるようになる（山下 Op. cit., pp. 194ff.）。

これらの聴き取り作業の成果は、一九九三年の第一集から二〇〇四年の第六集まで、六冊の証言集にまとめられている。作業を担ったのは主として挺身隊研究会／研究所のメンバーであるが、挺身隊研究所の活動は、二〇〇四年には事実上停止してしまう（山下 2018, p. 55）。聴き取り作業のあり方、その方法論については、当初の、客観的に裏付けられた事実か、被害者の語りの復元かという問題をはじめ、第六集に至るまで論争や模索が続いていたのであるが、その後、その問題意識を継承する聴き取り作業は行われていない。日本軍戦時性暴力についての被害の語りは、いまだ「未完成の物語」にとどまっているのである（Ibid., p. 59）。

挺身隊研究所の活動が停止してしまった直接の原因は、韓国で、国務総理直属の「日帝強占下強制動員被害真相糾明委員会」が設立され、数人の研究員が委員会に入ったこととされる（Ibid., p. 55）。このことは、歴史的不正義による被害の語りを持続的に聴き取り、社会が共有する歴史と人々の記憶に刻む活動に取り組む主体としては、挺身隊研究所のような、民間の運動体の中から生まれた組織には限界があることを示していないだろうか。こうした活動の担い手としては、公的な制度的枠組みによって持続性を担保された組織があればその方が望ましいと思われる。具体的には、一九九〇年代以降、移行期正義の諸課題に取り組んだ相当数の国々で被害者による語りを聴き取るために設置された真実委員会が一つのモデルになりうると考えられる。

しかし、真実委員会は、歴史的不正義の被害者の語り、とりわけ性暴力の被害者の語りを聴き取る上で、いくつかの問題があることも指摘されている。それについては次節でさらに見ていくことにしよう。

三　歴史的不正義の被害を聴き取る制度的枠組みの課題

すでに見たように、宇佐美は、移行期の社会における正義の実現に、真実委員会等を通じた人権侵害の真実の解明が果たす役割を肯定的に評価する。その一方で、宇佐美は、真実委員会が、過去の性暴力についての真実を解明する上でじゅうぶんに機能せず、移行期の社会において、性暴力が「語られぬ真実」となっていることを問題にしている（宇佐美 2008）。

そもそも、被害の聴き取り作業の課題として先に述べた、公的な制度的枠組みによる持続性の担保という点では、従来の真実委員会の大半が時限的に設置されたものであり、明らかに条件を満たさない。

真実委員会の時限的性格は、人権侵害の事実が風化してゆく前に事実を確実に認知するために必要とされる反面、証言者の数を減少させるという問題を生む。とくに、被害の証言がなされるまでに時には何十年もの時間を必要とする性暴力被害については、この時限性が多くの被害を語られぬままにとどめてしまうことになる（Ibid. p. 318）。

また、当然のことながら、日本軍戦時性暴力の問題をはじめ、過去の植民地支配や侵略による人権侵害の被害に取り組む制度的枠組みには、通例、体制転換や紛争終結の直後に設置される真実委員会とは異なった持続的な性格が要求される。

これらのことを前提とした上で、宇佐美が指摘する、真実委員会による性暴力の取り扱いがもたらしてきた問題について見ていこう。

宇佐美は、真実委員会による性暴力の取り扱いのはらむ問題を、四つの次元に区分している。第一に、真実委員会の権限を定めるにさいして、失踪など特定の形態の人権侵害に調査項目が限られる結果、性暴力を含む他の形態の人権侵害が調査対象から除外されてしまう場合がある。（権限問題）第二に、性暴力の結果としての心理的な外傷や社会が性暴力被害者に負わせるスティグマのために、被害者が証言を躊躇し、ないしは、証言に踏み切る場合でも、性暴力を主題化するのを避け、夫や息子の殺害・失踪等の被害に伴う付随的な被害としてのみ語ろうとすることが少なくない。（心理問題）第三に、こうした心理問題が真実委員会関係者に認識されていないがゆえに、多くの場合、性暴力の証言への障壁を取り除くような適切な運用がなされない。（運用問題）第四に、委員会の事件記録や最終報告書で、女性被害者は男性被害者の妻・母として描かれがちであり、性暴力被害が主題化されず、副次的被害として位置づけられやすい（記録問題）（Ibid., pp. 313f.）。

これらの問題の次元のうち、第二の心理問題は、制度の問題というより、被害の性質やその被害に対する一般の人々の態度から生じる語りの困難であり、被害について聴き取る制度の側がコントロールすることはできないであろう。その他の三つの問題については、戦時性暴力を扱う公的な制度的枠組みを構想するに際して、それに対応する問題点を考慮に入れる必要がある。

第一の権限問題に対応して考えられるのは、聴き取りの対象となる被害経験の特定の形態を想定し、そこから外れる事例を聴き取りの対象外としてしまうのを避けることである。日本軍戦時性暴力についても、韓国社会においては、「強制的に連行された」被害者のみが記憶され、「貧しさゆえに性売買業者に売られ、わけもわからずに戦場の慰安婦に動員された」被害者は、「例外的なケースとして扱われ、日本軍「慰安婦」の範疇から排除された」と山下は指摘している。また、挺身隊研究所の聴き取り活動においても、「日本人によって暴力的に強制連行された朝鮮の純真な女性たち」という家父長制的で民族主義的な言説が、被害者と聴き取りを行う研究者の双方に影響を及ぼしたともされる（山下 Op. cit., pp. 56ff.）。総じて、性暴力を扱う制度的枠組みの構築にあたっては、こうした社会のマジョリティが共有しがちな先入観やあらかじめ存在する「公式」の歴史観によって、被害者が線引きされたり被害の経験の語りが一定の型にはめられたりすることのないように保証するしくみが必要である。

第三の運用問題については、聴き取りにあたる者が心理問題についての適切な知見を持つ必要があるのはもちろんである。しかし、戦時性暴力被害の聴き取りを公的な枠組みで行う場合の運用問題はそれにとどまらない。聴き取りにあたる者は、被害者を、あたかも客観的な証拠の提供者であるかのように扱ってはならない。被害者の心を開き、語りを成立させるためには、被害者と聴き手のあいだに対話が成立せねばならず、対話は、パーソナルな関係、いわば「わたし」と「あなた」の二人称的関係が必要である。しかも、対話においては、語りのあり方を規定するのは語り手の側だけではない。語りは語り手と聴き手の相互作用のうちに成立するのであり、聴き手も語りの形成に関与するのである（蘭 2018, pp. 295ff.）。被害者とのあいだに二人称的関係を確立することや、語りの形成に主体的に関与することを公的機関に勤務する者が職務として行うことは果たして適切であり可能なのであろうか。職務として行う活動であっても、医療・介護・教育などのケア労働は、患者・利用者・児童生徒とのあいだの二人称的関係を要求するが、戦時性暴力被害の語りを聴き取ることは、それらと同列に考えてよいのだろうか。また、聴き手が参与して形成された語りを公的機関による公式の記録として残すことは適切なのだろうか。ここには、公的な手続きの客観性・中立性（それは刑事司法の場合に見られたのと本質的に同じである）の要求と、被害の語りのパーソナルな性格の対立が見てとれる。

第四の記録問題に対応しては、被害の記録が公的機関の側によって社会的や通念や公式の歴史観に沿うように都合よく整理される危険の除去があげられる。また、これとは性格の異なる問題だが、記録にかかわっては、いま述べた通り、語りの形成にとって不可欠な聴き手の関与と記録の公的性格の対立がある。

以上が、性暴力を取り扱う公的な制度的枠組みを構築する際にクリアすべき条件として考えられる。生存する日本軍戦時性暴力被害者が減少する現状で、これらの条件を満たす公的な制度的枠組みのもとで被害を聞き取る活動を再開することは事実上不可能かもしれない。しかし、同様の問題を孕む、内戦や武力紛争下での組織的な性暴力の事例は、旧ユーゴスラヴィア内戦下の武装勢力による強姦所の設置など、とりわけ一九九〇年代以降にしばしば見られるようになっている。これらの被害に対処する上でも、上記のような考察が必要であろう。

四　被害の語りは誰に差し向けられたものか

こうして形成される歴史的正義としての性暴力の被害の経験についての語りは、結局のところ誰に差し向けられたものになるのであろうか。

性暴力と「語る主体」

性暴力犯罪の事例に対する修復的司法[1]の実践の適用可能

性について論じている小松原織香は、性暴力被害者にとっての、「語る主体」となる経験が持つ特別な意味を重要視する（小松原 Op. cit., p. 97）。

「語る主体」には、「回復する主体」「告発する主体」「対話する主体」の三つの側面が同居している。これら三つの側面は、それぞれに対応する「人称の視点」（後述）によって特徴づけることができ、「回復する主体」は一人称の視点に、「告発する主体」は三人称の視点に、「対話する主体」は二人称の視点にそれぞれ対応する（Ibid., pp. 127ff.）。

被害者が、性暴力の被害から心理的に回復しようとする過程で、被害者の語りは、まず、被害者の心理的回復を支援するセラピストを相手に形成される。心理的な回復が進むと、性暴力被害は、「個人の問題」を越えた「社会の問題」としてとらえ返されるようになり、「語ること」は社会的な活動としての性格を帯びる。この時、被害者の語りが差し向けられ、被害者が働きかけるのは、被害者の属するコミュニティである（Ibid., pp. 107f.）。ここまでの被害の語りは、「回復する主体」に属する。

この社会的な活動としての語りが法廷での闘いという形態をとるとき、「語る主体」である被害者は「告発する主体」となる。告発されるのは加害者であるが、それと同時に、「性暴力を許容する社会」もまた告発の対象となる（Ibid., p. 118）。

法廷での告発がなされるとき、加害者も、ある意味で被害者の語りの差し向けられる相手である。しかし、刑事司法の手続きでは、加害者が被害者に直接応答したり、謝罪したりすることはない。これに対して、小松原が重視するのが、被害者と加害者の直接の対話である（Ibid., p. 125）。

被害者と加害者が対面して行うVOM（Victim-Offender Mediation）は、修復的司法の代表的なモデルでもある。（Ibid., p. 12）ただし、小松原が被害者と加害者の対話を重視するのは、犯罪の被害者の経験を受け止めるさいの「人称の視点」についての独自の議論にもとづいて、「二人称の視点」と結びつけられるからである（Ibid., pp. 62ff.）。

犯罪の被害者の経験についての「人称の視点」の議論は、ジャンケレヴィッチの死と人称性についての議論（Jankélévitch 1977）を下敷きにしたものである。ジャンケレヴィッチによれば、「一人称の死」とは、「私」の「死に対する自己反省」である。これに対して「三人称の死」は、「私」とは関係のない、冷静で中立的な目で見られる観察対象となる。「二人称の死」とは、「近親の死」、つまり「愛する者の死」や「知人の死」であり、「二人称の死」においては、「私」と「あなた」は、「死」を通して関係づけられている。この「私」と「あなた」の関係は、「近親」とはいっても、あらかじめ見知っている者どうしのあいだだけで成り立つのではない。たとえば、路上で倒れている人の「死」を偶然に看取った場合、「あなた」と「私」の関係が突然に立ち上がってしまう。この関係は、「死に立ち会う人間」と「死にゆく人間」の間に浮かび上がる「共同性」とも言われる（小松原 Op. cit., pp. 58ff.）。

「路上で犯罪に巻き込まれた」場合も、路上で倒れている人の死を看取る場合同様、それまで関係のなかった二人が、「被害者－加害者」という強い関係に結びつけられてしまう。「犯罪」という出来事を通じて、「私」と「あなた」という二者関係が築かれ、不条理で暴力的な「共同性」が出現する。この不本意な「共同性」の中で、被害者の側には「なぜこんなことが起きたのか」「なぜ、私なのか」という問いが生じ、加害者である「あなた」に対する訴えかけが生まれる。このとき立ち現れてくるのが「対話する主体」である（Ibid., pp. 63ff.）。

このように、「対話する主体」は二人称の視点ととくに強く結びつくのであるが、すでに見たように、すべての語りは語り手と聴き手の関係の相互関係のうちに成立するのであり、その限りで「二人称の視点」と結びついている（蘭 Loc. cit.）。「回復する主体」の語りは、混乱しがちな性暴力被害の経験を言語化することを通じて、被害経験の記憶を自らのうちで整理し、一つの物語として意味づける点で「一人称の視点」によるものだが、聴き手としてのセラピストやコミュニティとの相互作用のうちにあるかぎりにおいては、「二人称の視点」と結びつく。「告発する主体」の語りもまた、被害の経験を、法廷という中立的で客観的であることを掲げた場での吟味に耐えるかたちで提示するという点では「三人称の視点」によるものであるが、それに対する審理、最終的な判決という応答を要求する点では、「二人称の視点」によるものであると言える。また、刑事裁判の場合は、法定の判決は、加害者への刑罰についてのものであり、この場合、加害者は刑罰を受ける受動的な立場にあり、加害者が被害者に応答することは想定されない。これに対して、民事裁判において被告の責任が認められる場合は、原告は被告に対して、たとえば賠償を行う責任を負う。さらに、松本の言うように、関係的責任論の視点をとれば、支払われる金銭に被害への応答責任を尽くすという意味を込めることができよう（松本 Op. cit., pp. 2f.）。

歴史的不正義の被害の語りの形成と語り直し

さて、平常時の、組織的・集団的でない犯罪について、小松原は被害者と加害者のあいだに生成する「私」と「あなた」の関係に力点をおく。これに対して、歴史的不正義に属する組織的・集団的な人権侵害の場合は、加害者個人個人に焦点を当て、被害者に対する応答責任を問うのが困難な場合がある。たとえば、日本軍戦時性暴力の場合、一人の被害者を強姦した兵士は、何十人、何百人といて、長い年月を経て個人を探し出し、責任を問うことは困難であろう。女性国際戦犯法廷で加害行為について証言した加害兵士のようなケースは、残念ながら極めて稀であると言わざるを得ない。それでも、組織的・集団的な人権侵害については、被害者の訴えに対する応答責任を負う主体の役割を、誰かが、個人的にというより集団的にであっても、引き受ける必要があるのではないか。そしてその応答責任とは、被害者の、損なわれ傷つけられた尊厳を回復することにあるのではないか。

一般に犯罪は、被害者の権利の侵害であり、各人の権利は、これをみだりに侵害されないという想定は、われわれの生活する社会の基本的秩序に対するミニマムな信頼の一部である。信頼を裏切るということは、人の尊厳を損ない傷つける行為の重要な構成要素と考えられるから、すべての犯罪は人の尊厳を損ない傷つける可能性があると言えるかもしれない。しかし、たとえば軽微な窃盗行為について言えば、盗まれたものが経済的な価値は高くなくても被害者にとって重要な意味をもつような場合以外には、人の尊厳を傷つけるというのはいささか大げさであるように感じられる。これに対して詐欺的な行為や暴力行為は、とりわけ、親密な関係や共同的な関係が想定される間柄で起こる場合には、人の尊厳を損ない傷つける可能性が高いと言える。たとえば、友人からの裏切り、学校でのいじめ、ＤＶを考えてみるとよい。これに対して、性暴力は、加害者が家族や友人、あるいは被害者の信頼を受け、信頼に応えるべき立場の、職場の上司や学校の教員である場合も、見知らぬ他人である場合も、人間の尊厳を損ない傷つける行為に他ならない。

こうした人間の尊厳を損ない傷つける行為に対して応答責任を負うべき存在として、圧倒的に大きいのは、やはり加害者本人である。ただし、こうした行為に対してその被害の語りが成立する過程では、性暴力一般の場合と同様、「語る主体」に「回復する主体」「告発する主体」「対話する主体」という三側面を認めることができるであろう。この三側面のいずれに即しても、「語り」は「対話」として成立する。その意味で、被害者の心理的回復を支援する者、被害者の属するコミュニティ、法廷のような公的機関や、それを通じて、政府、市民社会もまた、被害の語りの形成に関与するのであり、被害者への応答責任をなにほどかは担うのではないか。

歴史的不正義に属する組織的・集団的な人権侵害は、その形態を問わず、人間の尊厳を損ない傷つける行為である。しかし、被害者への応答責任を担うべき直接の加害行為者や、その命令者、何らかの国家や武装組織の目的に、その行為が奉仕すると想定された、当該の国家や武装組織の指導者はすでにこの世にない場合も多い。そのような場合でも被害者への応答責任を担うべき存在が必要であるとすれば、なにがその責任を担うのであろうか。それは、当該の国家や組織が存続している場合は、その国家や組織であろう。当該の国家が解体した場合には、その責任を継承する国家が、たとえば大日本帝国の行為に対しては日本国が責任を負う。内戦後に、人権侵害を行なった武装勢力が解体したような場合には、内戦後の統治を担っている政府が人権侵害の被害者に応答しなければならない。また、奴隷制や植民地支配のような歴史上の不正義の場合は、直接の被害者が生存していないとしても、その被害の結果生じた差別や抑圧、貧困等が続いているとすれば、被害が生じた社会を現在統治している政府や、植民地支配の場合には旧宗主国の政府に被害者の尊厳を回復する責任があると言える。またこの場合は、応答を求めて問う主体は、歴史的不正義に起因する差別や抑圧、貧困等の被害を被っている人々や、それを代表する政府等、たとえば旧植民地に成立した国家の政府であろう。さらに、応答を求めて問う主体とかかわりをもつ支援者、アイデンティティやコミュニティをともにする人々、市民社会全体、奴隷制や植民地支配の受益者が属していた社会の現在の市民など、さまざまな人々が、なにがしかのしかたで被害の語りの成立に関与するのであり、問いを受け止め、応答する責任を共有すると言えるであろう。

そして、歴史的不正義の被害についての語りは、ある時点において完成し、最終的に不変なかたちで確立するのではない。歴史的不正義の被害は、歴史に刻まれ、時が流れ、新しい世代が生まれ、社会や政治体制のあり方が変化する、そのあらゆる段階で、繰り返し語られなければならない。語りの主体も、人権侵害行為の直接の被害者や、その家族から、新しい世代へと交代していかねばならず、聴き手もまた、次々に新しい世代へと変わっていく。こうした新たな話し手と聴き手の関係の中で、被害は語り直される。

こうした過程の中での被害の語り直しにおいては、過去において免罪されてきた行為への責任が、改めて問われ、被害の補償と尊厳の回復の措置が求められるようになることもある。植民地支配や奴隷制については、この過程が現在進行中であると言える。逆に、歴史修正主義的な言説によって、被害が隠蔽され、矮小化されていく場合もありうる。日本軍戦時性暴力の場合は、まさにこうした被害の隠蔽や矮小化が、日本の一部勢力によってなされつつある。これに対して、被害者の側に立つ者は、より多くの新しい聴き手に向かって、また聴き手とともに、被害を語り直し、被害者の尊厳の回復を訴えていかなければならないであろう。

［謝辞］

本稿の内容のそれぞれ一部は、二〇二〇年二月一日の関西唯物論研究会例会における報告、および二〇二一年度春学期の立命館大学大学院先端総合科学技術研究科における講義の内容に基づいています。これらの機会に出席し発言くださった方々に感謝します。

なお、本研究は科学研究費20K00020の助成を受けています。

注

（1）「修復的司法」と「修復的正義」はいずれも'restorative justice'の訳語である。個々の事例に則した実践の手続きについては「修復的司法」が、平等や公平さに照らした規範としては「修復的正義」が用いられる（小松原 Op. cit., pp. 17ff.）。

参考文献

蘭信三（2018）「戦時性暴力被害を聴き取るということ―『黄土の村の性暴力』を手がかりに」、上野・蘭・平井編（2018）pp. 283-314.

上野千鶴子・蘭信三・平井和子編（2018）『戦争と性暴力の比較史へ向けて』岩波書店。

植村隆（2016）『真実 私は「捏造記者」ではない』岩波書店。

宇佐美誠（2008）「語られぬ真実―性暴力をめぐる正義・和解・記憶―」、宮地尚子編著『性的支配と歴史　植民地主義から民族浄化まで』大月書店、pp. 299-326.

――（2013）「移行期正義―解明・評価・展望」『国際政治』第一七一号、pp. 43-57.

小松原織香（2017）『性暴力と修復的司法―対話の先にあるもの』成文堂。

Jankélévitch, Vladimir（1977）. *La mort*, Flammarion.（訳書、

ウラジミール・ジャンケレヴィッチ『死』仲澤紀雄訳、みすず書房、一九七八年。）
松本克美（2017）「従軍「慰安婦」被害に対する法的責任論―修復的正義の視点から」『コリア研究』第八号、pp. 1-12.
山下英愛（2016）「金学順―半世紀の沈黙を破る」、苅谷剛彦編『ひとびとの精神史　第八巻　バブル崩壊―一九九〇年代』岩波書店、pp. 173-202.
――（2018）「韓国の「慰安婦」証言聞き取り作業の歴史―記憶と再現をめぐる取り組み」、上野・蘭・平井編（2018）pp. 33-64.

（いせ　としひこ・立命館大学教授・哲学）

論文

東アジアの反日主義にみる日本のポストコロニアル的状況と政治課題

倉橋耕平

はじめに

近年「反日」という言葉をよく聞くようになった。最近の例でいえば、月刊『Hanada』八月号（飛鳥新社、二〇二一年）で、櫻井よしこと対談した安倍晋三元首相が「共産党に代表されるように、歴史認識などにおいても一部から反日的ではないかと批判されている人たちが、今回の〔東京オリンピック〕開催に強く反対しています。朝日新聞なども明確に反対を表明しました」と発言した（強調、〔 〕は引用者）。もはや「反日」という言葉は、一国の首相経験者によって国内の「敵」を「非国民」として名指す言葉として使用されるもののようである。不幸なことだが、国家の指導者によって「お墨付き」が与えられている言葉になってしまったと言えるかもしれない。

この「反日」という言葉は、いくらかに分類することができる。それらは、すでに述べたように、①諸外国で発露する抗議運動全般、図のAmazonで「反日」と検索した場合の結果のように②中国や韓国を中心とする東アジアの日本の敵としての「反日」、③日本国内で「非国民」を表すもの、の三つが考えられる。さらに、それぞれの要素には下位分類があり、(1)日本に対する現在の／過去の抗議、(2)日本人が書くもの／外国人が書くもの、(3)共産党や左翼（サヨク）／国内メディアが名指される、のようにそれぞ

図：Amazonにおける「反日」の検索結果のスクリーンショット：2021年7月28日取得

れにバリエーションが存在する。

　では、近年国内外で蠢動する東アジアの「反日（主義）」現象の本質とはいったい何なのか？　このたび筆者は、アメリカのデューク大学で日本文化研究、ポストコロニアル研究、カルチュラル・スタディーズ研究を専門とするレオ・チン（Leo T.S. Ching 荊子馨）教授の『反日　東アジアにおける感情の政治』（人文書院、二〇二一年　*Anti-Japan: The Politics of Sentiment in Postcolonial East Asia.* Duke University Press, 2019. 以下、本書からの引用は「AJ」と略記し、翻訳のページを記載する）の監訳を担当、上梓する機会を得た。本稿では、この書籍を足掛かりに「反日主義 anti-Japanism」について検討をしたい。そこで、まず本書の議論の要点を簡単に紹介する。次に、本書の議論において考察が不十分であると考えられる点を指摘・検討する。具体的には、日本の近代化と植民地の関係、日本国内における「反日」現象の位置付けについてである。そして、最終的にポストコロニアル現代の日本の政治課題についてまとめられればと思う。

1. レオ・チン『反日』

まず、著者の紹介から始めたい。著者レオ・チンは、台湾出身・アメリカ在住の研究者である。彼の父は瀋陽出身の中国人であり、母は台南出身の台湾人である。一家は台湾から日本に移住し、レオ・チンは一〇歳から大学進学まで神戸に住み、大阪のインターナショナル・スクールで育った。日本に来た当初の少年は、平穏そのものの時期を過ごし、カップラーメンの自動販売機に感動し、市民権を問われない限り、日本人として「パス」してきたという（AJ: iii）。その彼が、アメリカとその同盟国による反共主義と冷戦、旧植民地の権威主義体制との分業体制といった構図のなかに、東アジアの植民地主義と帝国主義をポストコロニアルの課題として位置づける視点を獲得したのは、海を渡った後のことになる。

レオ・チンは、本書『反日』を出版する前に一冊の単著を発表している。日本でも『ビカミング〈ジャパニーズ〉植民地台湾におけるアイデンティティ形成のポリティクス』（勁草書房、二〇一七年）として翻訳されている。この本は、コロニアル／ポストコロニアル台湾における台湾人のアイデンティティ形成に関する研究となっており、注目を集めた。

改めて確認するまでもなく、ポストコロニアル（ポストコロニアリズム）の「ポスト」は単に「後」を意味するわけではない。それゆえ、「植民地後」などと訳すのは適切ではない。そうではなく、ポストコロニアリズムとは、植民地主義や帝国主義による支配の構図を読み直し、批判的、対抗的な意図を持って終焉化された存在（＝他者）から、中心を問い返すような試み・実践である。ゆえにポストコロニアリズムは、植民地支配の遺産がいまだ継続していることを告発するものである（本橋 2005: xi）。その再検証の対象領域は、文学、歴史、証言に見出されてきた。

むろん、レオ・チンの研究もポストコロニアル研究の潮流の一部に位置付けることができる。彼の視点は、前著でも本書でも一貫しているように見える。彼が東アジアのコロニアル／ポストコロニアル研究に分け入る理由は、（前著を上梓する以前の九〇年代の）英語圏の学界における同研究領野がヨーロッパ中心主義であり、アジアの帝国主義＝日本の植民地主義が否認されていることにあった。もちろん日本帝国主義や植民地主義の研究がないわけではない。しかし、それらは政策、歴史、経済が中心であり、「文化」

や「アイデンティティ」の分析がほとんどない（ただし現在では文化への着目はポストコロニアル研究の主題のひとつである）。そこに切り込むのがレオ・チンのプロジェクトであり、本書でも同様に「いわゆる大衆文化に注目したのは、それが公式の言説とは異なり、集団的な不安、欲望、空想が投影され、想像され、演じられる場所を構成していることに由来する」（AJ: iii）と宣言している。

では、なぜ東アジアのポストコロニアル研究に「文化」の視点が必要なのか。この点について、彼は前著の問題意識を引き継いでいる。まずはこれを簡潔に整理しておこう。東アジアの植民地主義は、ヨーロッパの植民地主義とは異なり、白人／非白人のような「人種」に本質的差異があるわけではない。それゆえに、むしろ植民者／被植民者の間の「文化的差異性と同一性の言説を生み出した」（Ching 2001=2017 :13）のである。日本帝国主義・植民地主義ではこうした機制によって統治・調停がなされていったからこそ、「文化」あるいは「文化的遺産」に注目しなければならないのである。実際に、植民地において、「同化」「皇民化」という言説手法を採ることは「法的・経済的権利の問題の曖昧化と回避を目的」としており（Ching 2001=2017: 7）、文化的アイデンティティは日本人であることを求めながらも、「真正の日本人」と「植民地の日本人」として区別した。この区別と「法的・経済的権利の問題の曖昧化と回避」は、戦後日本が「かつて日本人だった人びと」（と日本を離れた人びと）に対する法的・経済的権利を否定し続けてきた事実をみれば明らかである。それゆえ、レオ・チンは植民地主義が近代化を生み出したのではなく、植民地主義自体が近代性の本質だとして、次のように述べる。

> 簡単にいえば、縦割りの民族的・人種的・文化的カテゴリーであらわされるような、日本人や日本人性《ジャパニーズネス》、台湾人や台湾人性《タイワニーズネス》、原住民や原住民性《アボリジナリティ》、中国人や中国人性《チャイニーズネス》といったものは、植民地近代性の一時性と空間性の外において存在しないのであり、むしろ、それらは、まさに植民地近代性によって存在が可能とされるのだ、というのが私の主張である（Ching 2001=2017: 13）

実際、いわゆる「一般的」理解において、戦後日本人は台湾人を「親日」、韓国人や中国人を「反日」と見做している側面は強く、国民-人種への安易な本質主義的理解でかつての植民地の人びとを位置付けている。その結果が、中国と韓国（と北朝鮮）を「反日国家」「反日種族」として本質主義的に理解する右派言説のようなものを蔓延させている。しかし、レオ・チンが述べるように、「反日」も「親日」も植民地主義とその前後の歴史のなかで構築されてきたものの現われでしかない。

以上のような問題意識を前提として、本書において彼はこう問う。「なぜポストコロニアル東アジアの社会不安や政治的懸念は、反日主義の形をとるのか?」（AJ: 17）。「なぜ日本はいまだに憎まれるのか」という素朴な疑問は、「あいつらは反日だからだ」という理由で片付けられるものでは到底ない。この本質主義的思考方法は、「他者が自己の行為を通してどのように構成されているかについての自己再帰性の視点」（AJ: 11）を著しく欠いている。彼が、「私の主な主張は、帝国日本の脱植民地化の失敗と近年のグローバル資本主義下での中国の台頭が、東アジア地域における反日・親日主義の高まりに寄与したということである」（AJ: iii）とまとめるように、上記の問いへの答えは、歴史文脈のなかにしか存在しない。周知のように、帝国日本の脱植民地化が失敗している原因は、戦後冷戦体制を前提として反共路線（自由主義陣営強化）に邁進するアメリカによって経済復興、民主化、非武装化、平和主義、戦後責任の二国間解決と役務賠償・準賠償へと導かれた日本が復興を早めたことと、それと対峙する旧植民地側の権威主義国家体制とのコラボレーションによるものである。そして、二〇一一年に中国が国内総生産（GDP）で日本を上回ったように、中国の覇権が東アジアで再浮上した。この「帝国変遷の時期 transimperial moment」が反日主義の高まりを導いている。

ならば、東アジアでは、（日本が行った行為を通して）どのような機序で、社会不安や政治的懸念が「反日主義」として表明されるのか。この点を分析するために、本書では「ポストコロニアリティ」と「センチメンタリティ」という枠組みを採用している。とりわけ、酒井直樹ら（1996）の「国体の情 sentiment of nationality」（近代国家において共同体の表象を可能にする「空想と構想力の機制」）概念に倣い、ポストコロニアル文化表象における反日主義が読解・分析される。

紙幅の都合もあるので、すべての例を紹介することはできないが、例えば、本書第3章では「慰安婦」問題が取り上げられる。レオ・チンは、文化ナショナリズムと男性中心主義に収斂される「恨《ハン》」の感情を土台とする「解決」を批判する。それは植民地化によって「去勢」された男性的欲望を解消するに過ぎず、被害女性の「恨」を強調しながら、国家的な「恨」を昇華させる家父長制的権威主義国家の論理そのものだからである（AJ: 109-114）。その時、女性はナショナリズムに動員される。そして、それは二〇一五年末の「日韓合意」のように日韓両国の男性性による共謀＝家父長制国家の問題に陥ることとなり、実際にこの合意に「慰安婦」女性は関与することなく、その存在は抹消された。

そうした問題があるため、国家の枠組みではなく女性たちの「恥辱」の克服を目指すことが未来を拓く正義の議論を進めなければならない。レオ・チンは、その象徴的事例として、女性たちがトランスナショナルに連帯し、裕仁を有罪とした民衆法廷「女性国際戦犯法廷」（二〇〇〇年）を取り上げ、未来において応答責任を負えるよう知識生産の再構成が必要であることを（米山リサを引きながら）主張する（AJ: 130-131）。

実際のところ、「日韓合意」を踏まえない文在寅政権の態度は、日本国内では「反日」的であるとされるが、韓国における「過去清算」には民主化という流れがあることを踏まえなければならない。民主化運動にとって、軍事独裁政権は植民地期に対日協力をした「親日派」の系譜にあり、また反共路線の開発経済を推し進めた軍事政権は人権を抑圧する原因であるため、ともに克服されなければならない対象である。事実、建国直後の李承晩政権は植民地協力者を勢力の中心に引き継いだし、クーデターで生まれた朴正熙政権も「親日派」というレッテルに苦しんだため、「反日イデオロギー」を統治の正当化のために利用しなければならなかった。その反面、アメリカの産業近代化の利益を目指す開発主義権威主義国家としては、「反共」を打ち出さなければならなかった。だが、日本ではその「国民の情」が登場する文脈を知ろうともしなければ理解もされないため、ただ本質主義的民族観から「彼ら」は「反日」であるとだけ表象される。この構図が日韓で続いていることこそ、ポストコロニアルである現在の状況を示していると言えるだろう。

こうした「反日主義」が取り上げられる一方で、第4章では台湾の「親日 pro-Japan」と「ノスタルジー」が取り上げられる。韓国を反日的とする一方で、台湾を親日的とする一般認識は強い。しかし、「反日主義」の構成的他者である「親日主義」もまた、ポストコロニアルな文脈において構築されたものであることを示していく。

本書が指摘するのは、「老台北《ラオタイペイ》」と呼ばれる高齢世代

（多桑《ドーサン》世代）の日本統治時代へのノスタルジーである。多桑世代は、「日本の新保守主義者との共犯関係」（AJ: 144）にある。彼らの世代の著作は戒厳令解除後の一九九〇年代以降に集中している。それらの著作では、「日本人の誇り」と「日本精神《リップンツェンシン》 ribunjingshin の喪失」がノスタルジーとともに語られ、日本の右派・保守系出版社から刊行されている。

しかし、レオ・チンは、そのノスタルジーが生じる機序を次のように説明する。

> このように「ribunjingshin」へのノスタルジーが日本そのものではなく、日本統治時代に対するものであるとすれば、「ribunjingshin」の喚起はそのほとんどが一九四五年から一九八七年までの国民党による解放後の支配との対比において行われていることになる（AJ: 159）。

つまり、多桑世代のノスタルジーは、規範的関係の位置ずらしから生じたものだということである。「日本の支配と中国の支配との対比は、一般的に近代性／原始性、敗北における気高さ／勝利における貪欲さという図式で行われ、戦争における敗者と勝者との規範的な関係を覆す」（AJ: 159）と説明されるように、解放後にやってきた中国国民党が日本からの非奴隷化＝再教育のための反日政策に躍起になるも、中国兵の原始性が日本と比較され、より野蛮に位置付けられることによって、日本植民地時代へのノスタルジーが語られることになる。もちろん、現在の中国の台頭と台湾の地位への不安という文脈と相まって。そして、それはレオ・チンが「非脱植民地化 nondecolonization」と呼ぶ現象を引き起こしている（AJ: 165）。

以上のように、「反日主義」も「親日主義」も植民地主義の歴史のなかで構築されてきたものであり、それらが当該社会の社会不安や政治的懸念とともに反日主義の形で表わされている。

2. 残されている議論

ポストコロニアル状況下の東アジアという対象を扱うことは、誰にとっても容易なことではない。対象の広さと複雑さもさることながら、「大味」に論じてしまえば、レオ・チン自身が危惧する植民地差異を覆い隠しかねない危険性もあるからだ。本書はそこに細心の注意を払っているが、やはり一人の著者の仕事には限界がある。

差し詰め、筆者は次の三点について議論を深めるべきではないか、と考えている。それは、第一に、日本は自国を近代化する際に植民地をどのようなものと考えていたか、第二に、日本国内の「反日日本人」への考察、第三に、翻って「愛国的でないこと」の意味への省察、の三点である。これらの論点は、「あの事例が記述されていない」「こんな例外がある」「説明が不十分である」といった安易な手つきでレオ・チンの議論を相対化することを意識したものではない。そうではなくて、本書の問いへの回答である「帝国日本の脱植民地化の失敗」の理由を探るならば、ポストコロニアル期の検討だけではなく、近代初期に日本が植民地を得るために何を考えていたのかを検討することに、この「失敗」を克服へと導くヒントが含まれているかもしれないからだ。あるいは、日本国内における「反日日本人」として表象される「反日」という現象はどのような「社会不安や政治的懸念」を表しているのかを検討することが、東アジアにおける「反日主義」の本質を鋭く逆照射できるかもしれないからだ。

第一の点（近代化と植民地主義）について考えなければならないのは、大陸と半島と列島の地政学である。近代に入るまで、東アジアは「朝貢外交」を築いていた。すなわち中国（清国）が世界の中心であり、その他を「夷狄《いてき》」とする中華思想＝華夷秩序が敷かれ、夷狄（未開・野蛮）の国は中国に「朝貢」することによって支配関係の確認が行われ、朝貢さえしていれば各々の国は自律的な統治が行えるというシステムである。東アジアの地政学と日本の近代化の歴史は、この「文明-野蛮」の関係の変容によって理解できる（小森 2001）。

それが変化していくきっかけとなるのは、欧米列強の世界資本主義による開国の要求である。天皇の勅許を得ない幕府の不平等条約締結に反対して、「尊王攘夷」運動が起こる。「攘夷」とは自分たちこそ世界の中心であり、周辺は野蛮だとする思想である。しかし、薩英戦争（一八六三年）などで欧米列強の戦力に屈し、「攘夷」の実態を失っていく。開国後、不平等条約を改正し、欧米諸国と肩を並べることが明治維新政府の関心になっていく。

しかし、小森陽一によれば、それは「自己植民地化」でもあった（小森 2001: 8）。つまり、半ば開国を強制され、欧米の植民地主義の論理を内面化し、自国の領土を確保するその動きは、「欧米列強によって植民地化されるかもしれない危機的な状況に（……）蓋をし、あたかも自発的意志であるかのように「文明開化」というスローガンを掲げて、欧米列強を模倣することに内在する自己植民地化を隠蔽し、忘却することで、植民地的無意識が構造化される」（小森 2001: 14）ことにつながる。その結果、自らが「文明」であるためには、常に「野蛮」を周囲に発見し続け、その土地を領有しなければならない。その発見された「野蛮」は、アイヌであり、沖縄であり、台湾、朝鮮半島、中国である。清国とは対等な条約を、朝鮮とは不平等条約を結び、琉球には清国への朝貢をやめさせることを始めとする属領化（琉球処分）を行い、東アジアにおける序列を、「欧米＞列島＞大陸＞半島＞その他」のように書き換えた。すなわち、近代初期の日本は、朝貢外交における中国の模倣、帝国主義的植民地主義における欧米列強の模倣（あるいは、代補）をし、「野蛮」を発見し続けていったのである。ここにレオ・チンが指摘する帝国日本の姑息さcowardice がまさに表われている。

しかしながらレオ・チンが考慮の外に置いているのは、以上の経緯である。そして、本書でも溝口雄三を引きながら指摘されるように、実際のアジアと日本人が抱くイメージのなかのアジアの認識は乖離しているという戦後状況も重要である（AJ: 29）。それは、ＧＨＱの占領政策として行われた脱帝国主義化・脱植民地化にほとんど関与せず、その情報すら入ってこなかった。なおかつ、象徴天皇制への移行が、天皇の絶対性を相対化したことによって、日本は近代以降、植民地化されずに民主化し、権威主義体制を外から克服し、かつ経済的に貧困を克服したアジアの「文明国」となった。そのことにより旧植民地における権威主義体制諸国は、「野蛮」であり続けたと言えるだろう。

いまだにアジアを見下す日本人は、こうした構図を更新しなければ、彼らはなぜまだ日本を憎むのか＝なぜ反日感情を抱くのか、という疑問に答えは出せないのではないか。以上のように、戦前－戦後の連続性において、日本からアジアへの眼差しもまた重要な検討材料と言えるだろう。

第二の点（日本国内の「反日日本人」）について考えなければならないこともまた、上記の枠組みと関連していると思う。レオ・チンは、西村幸祐を引き合いに出して、日本の「新保守主義者にとって、反日主義は、歴史、文化、帝国システムから日本を切り離すアメリカ主義の延長線上にあると言っても過言ではない。新保守主義者は、近隣アジア諸国の怒りとしてある反日主義を反省的に受け入れることなどしない」（AJ: 28）と述べる。すなわち、反日主義も反米主義も日本人のアイデンティティを（再）構成するための言説として使用しているに過ぎない。

しかし、彼は西村の反日主義理解の片面（すなわち東アジアの「反日主義」）しか見ていない。西村の「反日」という用語の使用方法は、アジアはもちろんのこと、それ以上に日本国内の「反日日本人」について言及するものである。例えば、次の引用のような記述を複数確認できる。

> 『マンガ嫌韓流』は、全く新しい文脈で反日自虐史観を批判したのではなく、方法論の新しさによって多くの読者を獲得した（西村 2005: 90）
>
> 驚くべきことに、真の敵は日本国内のなかにいたのだ。もはや、現代の日本は、心ある国民とマスコミの間の内戦状態にあるといっても過言ではない。日本の独立自存のために、日々努力する安倍政権を、明らかな嘘と印象操作で以って追い落とそうとする反日マスコミは、日本国民共通の敵だ（西村 2014: 3）
>
> 現在の反日メディアは、ハンナ・アーレントの言葉を借りれば、日本を〈客観的な敵〉と規定する全体主義である反日ファシズムのプロパガンダ機関に過ぎないのである（西村 2009: 5）
>
> 〈反日ファシズム〉は、日本を基点とした中国、韓国、北朝鮮の北東アジアの反日三ヶ国のイデオロギーと補完し合うもので、一九八九年に死滅した東西冷戦構造に変わる国際ネットワークであるとも言える（西村 2004: 29）
>
> （※時系列ではなく、内容が読みやすいように記載順を編成）

そのほかにも文脈上、「旧思考左傾メディア」「サヨク学者」「共産党」を「反日」と位置付けている記述がある。このように、彼の関心は「日本国民共通の敵」として、左翼（サヨク）や国内メディアを「反日日本人」として認定している。

これは何を意味するのだろうか。第一の論点と同じように、アジアにおける優越感を中国と北朝鮮に対する独裁的な共産主義への批判（反共主義）が下支えするように、「野蛮＝彼ら」の構図を生産し続けているといえるのではないだろうか（それゆえ、反共路線で植民地期を搾取ではなく近代化の過程と捉える韓国のニューライトと日本の右派が結びつき、李栄薫『反日種族主義』（文藝春秋、二〇一九年）の共同キャンペーンへと節合 articulation する）。

そして、サヨクとメディアと学者は、日本社会における権威であり、それらの思考が日本全体を覆い尽くしている、と右派は考えている（反日ファシズムゆえに）。その日本の権威と中国、韓国、北朝鮮という権威主義国家（だと日本の右派が思っている国。韓国はまだ民主化して少ししか経っていないと見下している）と手を組んでいる「野蛮な敵」＝「反日日本人」として節合させている構図が見てとれる。ここにも近代化の際に姑息な模倣によって構築した「文明-野蛮」の構図が適応されていると言ってよいだろう。そして、それは冒頭の安倍の姿そのものである。

このように考えると、第三の点（愛国的でないこと）への省察は、より必然的なものとなる。すなわち、反日日本人＝愛国的でないことは、どういう理屈で生じるのか。将基面貴巳によれば、自国民排除の問題はパトリオティズムを扱う際の難問のようである（将基面 2019: 236）。実際のところ、集団の自己純粋化の際に、非国民など自国民排除言説が生じる。非国民であることは、国民として異端＝野蛮であることを意味する。他者を非国民または異端として「反逆の罪に問うことは、常に浮動するアイデンティティをある許容範囲内に安定化させる権威を主張し行使すること」になる（将基面 2019: 249）。さらに、その行使に公的義務が付帯すると広く認知されている場合、その権威や権力はアイデンティティを共有する人びとの中に潜在する。ここに右の段落で見た「権威」の裏返しが成立する。すなわち、他者を野蛮だと位置付けることによって、自らの文明性を獲得することを国内でも同様に行っているのである。

ならば、レオ・チンが「『日本』に対する態度であると同時に、『日本』についての態度ではない」（AJ: 17）と指摘する「反日主義」は、日本国内における「反日日本人」＝非国民の名指しを対象とした場合、どのような日本社会の「社会不安や政治的懸念」を表しているのだろうか。それは、おそらくレオ・チンが述べるように、中国の台頭による「帝国変遷」だろう。先に述べたように、日本はこの一〇年間に経済分野では中国に引き離され、領土問題や安全保障問題が再燃している。アメリカの同盟国である日本は、アメリカとともにこの「帝国変遷」に正対せざるを得ないわけだが、欧米諸国と同じ新自由主義経済を邁進する日本国内の実質賃金は伸びず、経済格差が拡大し、経済成長も中国に及ばず、国内の土地や会社、労働力が中国ほか外国人投資家に買い叩かれる「安いニッポン」（中藤玲が続いている。この経済（と社会保障）分野の内政失敗を隠蔽するために、他の新自由主義諸国と同じく保守的な規範が動員される（田中 2020: 第2章）。しかし、田辺俊介が指摘するように、イデオロギーの左右対立は「均衡幻想」を作りだす陥穽をもたらし、実際の社会不安や政治的懸念を誤魔化していることにもなる（田辺編 2019: 261）。とするならば、右派言説における東アジア諸国と結託する「反日日本人」まで含めて、国民-人種への安易な本質主義的理解によって自己の権威性を誇張し、内政失敗と中国の台頭への恐怖を隠蔽する自己保身的思考と考えられるのではないだろうか。

以上のように、レオ・チンの『反日』に対して、より検討を深められるだろう点を挙げてみた。もちろんこれですべてではないが、コロニアル／ポストコロニアル期における連続性や、最も「反日」という言葉を使用する右派の用法への詳細な検討が、日本の脱帝国化／脱植民地化へと繋がるヒントを得るためにも必要不可欠である。

3．日本におけるポストコロニアルな課題

では、日本がポストコロニアル現代において、脱帝国化／脱植民地化の失敗を克服していくためには、どのような課題があり、何が必要だろうか。

レオ・チンは、「戦後民主主義は植民地支配への責任の放棄によって確立された」（AJ: 240）と指摘する。つまり、脱帝国化／脱植民地化の失敗と欠如の上でしか日本の戦後民主主義は成り立たない。そして、「日本における植民地問題を覆い隠している民主主義の共犯性を問い、そこに挑戦」（AJ: 228）することで、「日本の民主主義それ自体を、脱植民地化プロジェクトへと変えていかなければならない」（AJ: 230）と提言する。

日本が戦後周年談話や毎年やってくる終戦記念日に世界平和を謳うことができるのは、「ゲタを履かせてもらっている」からに過ぎず、「世界平和とヒューマニズムの主張は、普遍主義がしばしばそうであるように、その具体性と植民地的差異を覆い隠す」（AJ: 237）メカニズムに寄与してしまっている。また、ここに一足先に経済復興し、文化的生産物が早くにアジアに渡った偶然も関係してくる。

こうした民主主義や平和主義の美辞麗句や、経済的・文化的優位性がむしろ脱植民地化へと向かわない原因になってしまっている。繰り返すが、これらは「植民地的差異を覆い隠す」ことによって初めて成立している。レオ・チンはこのことをSEALDsのメンバー（奥田愛基、牛田悦正、溝井萌子）と、香港の学生活動家（アグネス・チョウ〔周庭〕とジョシュア・ウォン〔黄之鋒〕）と、台湾の学生活

動家（チェン・ウェイティン［陳為廷］）との二〇一六年の対談のある一面を取り上げて説明する。その際、SEALDsが行った「安倍政権による憲法再解釈への批判、そして戦後民主主義への揺るぎない「信仰」こそが、植民地主義の問題を不可視させている」と手厳しく批判する（AJ: 237）。実際SEALDsのメンバー（牛田）は、自分が「東アジア」という地理空間に所属していると意識を持ったことがないという（AJ: 230）。それは結果として、「日本の大衆文化にたいするチョウ、ウォン、チェンの熱意と知識に比べて、日本の若者たちが台湾や香港の文化にたいして一言も言及しない」（AJ: 232）という状態が炙り出されるだけとなった。このことは、日本は（東）アジアの外部に位置しているという認識を持っており、若い世代まで含めて、戦後の日本人は、かつて日本人だった人たち、かつて日本だった土地に住む人たちの文化的・知的発展の歴史についてあまりにも無知であることを象徴している。

では、こうした旧植民地と旧宗主国の間の非対称な関係と、脱帝国化／脱植民地化の失敗を克服していくためには、どうしたらよいのだろうか。本書では、国家同士の協力関係のほかに、別の形で求めていかなければならないと説かれている。その形は、愛や親密性による「無条件で無主権な赦し」という答えによって示されている（AJ: 225）。しかし、それらはやや抽象的な回答しか与えていないようにも思う。もし仮に脱植民地化に向けた他のアイディアがあるとするならば、レオ・チンも述べていた東アジア地域におけるトランスナショナルで共約可能な視点を、不可欠として論じていく方法ではないだろうか。

玄武岩が指摘しているように、被植民者は「日本人」という枠組みを戦後に外されることで補償が受けられなかったことと、（生来の）「日本人」でも、サハリン残留、中国残留日本人、在韓日本人女性、空襲被害者には、戦争被害を国家によって補償されない「戦後被害受忍論」が適用されてきたという共通点がある。被害を救済されたのは、恣意的な「特別」を与えられた軍人・軍属、原爆被害者、引揚者、中国残留帰国者（の一部）に限られている（玄 2016: 244）。これは、帝国日本と戦後日本の連続性を表す事象であるとともに、帝国日本に対する戦後日本人の被害者権利意識の薄さが、かつての日本人だった人と日本人（と日本人同士）の間の不平等を隠蔽し続け、かえって連帯を難しくさせ、経済復興を理由に被害が忘却・受忍されることで、再び東アジアを蔑視する構造を温存してきたことを意味する。この隠蔽を問うことから自己植民地化と植民地主義を再検討することが第一の方法として考えられる。

あるいは、アジアの女性たちがトランスナショナルに連帯して実施した「女性国際戦犯法廷」のように、権力と主権なき正義（人道に対する罪）の裁きという可能性がある。近隣アジア諸国に対していまだ優越的立場からパターナルに接する家父長制国家という男性的特徴を手放さない日本にとって、「慰安婦」問題はやはり脱植民地化への躓きの石であると同時に、もっとも触れてほしくない戦争責任であり続けている。「慰安婦」問題否認の実践としての「歴史戦」キャンペーンや、あるいは「法廷」を取り上げたNHKに自民党議員が圧力をかけて番組を改変させたことがその証左であるように、ジェンダーと植民地主義の観点から周縁化された女性たちによる家父長制国家への批判が日本と東アジアの関係を見つめ直させるかもしれない。そして、この実践は、翻って戦勝国である欧米諸国の植民地主義をも問い直す契機になるはずであった。

しかしながら、安倍晋三元首相の「戦後七十年談話」のように、自分たちの「植民地支配」を歪曲し、核兵器拡散条約に批准せずアメリカの従属国として（積極的）平和主義を謳うようでは、本書の提案にはいつまでも辿り着かないだろう。

おわりに

一九四五年八月一五日の「玉音放送」＝「終戦の詔書」がラジオで放送され、国民はポツダム宣言の受諾を知ることとなる。しかし、その玉音には「米英二国に宣戦せる所以」とあるが、日中戦争のことについては何も触れていない。それは、連合国が軍事行動の方針を決めたとする「カイロ宣言」（一九四三年）に対して何も応答していないことを意味する。カイロ宣言における「同盟国の目的は、千九百十四年の第一次世界戦争の開始以後に日本国が奪取し又は占領した太平洋におけるすべての島を日本国からはく奪すること、並びに満洲、台湾及び澎湖島のような日本国が清国人から盗取したすべての地域を中華民国に返還することにある。／日本国は、また、暴力及び強慾により日本国が略取した他のすべての地域から駆逐される。／前記の三大国は、朝鮮の人民の奴隷状態に留意し、やがて朝鮮を自由独立のものにする決意を有する」（／は改行を示す）とされている。玉音放送はこの文面を無視し、植民地支配についての言及を避けている。その意味において、安倍晋三元首相の「戦後七十年談話」は、終戦の宣言時から何一つ変わっていない。日韓基本条約の交渉の際にも、日本が韓国の近代化に寄与したかのような発言を繰り返し、何度となく破談になったことも忘れてはいけない。日本の為政者にとって、過去も現在も植民地主義への反省などないと言っていい。

しかし、残念ながら植民地主義と戦後ポストコロニアルの歴史経緯は（先のSEALDsのメンバーのように）あまり言及されることはないが、こうした文脈こそ記憶されなければならない。そして、戦後、「人間」になり、経済復興とアメリカの戦略によって戦争責任を棚上げされた象徴天皇の一天皇一元号の法則に基づく新元号をありがたがる国民国家の姿こそ問い直されなければならないだろう。この平成-令和の元号はかつて日本人だった人たちの排除の上に成り立っている。

脱植民地化／脱帝国化の契機は、列島の私たちにとって、半島や大陸といった遠くのことだろうか。そうではないはずである。二〇二一年六月、「選択的夫婦別姓」が認められないのは違憲であるかどうかを問う判断が最高裁で行われた。結論は「違憲ではない」というものであった。よって今後立法による制度設計に希望が託されるわけだが……云々。と、ポストコロニアルと一見無関係のようだが、日本において名前を変える（変えさせる／られる）ことは結婚改姓だけではない。創氏改名、改姓、珍名改名、通名使用が、植民地にしたアイヌ、琉球、台湾、朝鮮、戦後日本で行われてきた。その前提となる論理は、戸籍と家制度であり、皇民化である。改名という権力行使を通して、女性と被植民者を「二流国民」として統治してきた（高雄 2020: 5）。名前一つとっても、そこに天皇の存在があり、「野蛮」（女性と被植民者と在日コリアン）と「文明」（男性と植民者と日本人）を位置付けるポストコロニアルな国家権力が顔をのぞかせている。

もしかしたら選択的夫婦別姓という一見リベラルな権利主張も、ポストコロニアル東アジアという視点から見た日本という文脈では、植民地差異を覆い隠す何かかもしれない。そして、こうした私たちが直接関わり、内面化している制度（とそれへの批判）にこそ、ポストコロニアル東アジアの「反日主義」を理解する歴史が紐づけられているかもしれない。こうした身近な視点も大事にしながら、本書が説くように「反日主義から民主主義の脱植民地化へと言説を転換させることが必要」だろう（AJ: 228）。

参考文献

Ching, Leo（2001=2017）*Becoming "Japanese": Colonial Taiwan and the Politics of Identity Formation.* University of California Press（菅野敦志訳『ビカミング〈ジャパニーズ〉 植民地台湾におけるアイデンティティ形成のポリティクス』勁草書房）

Ching, Leo（2019=2021）*Anti-Japan: The Politics of Sentiment in Postcolonial East Asia.* Duke University Press.（倉橋耕平監訳、趙相宇・永冨真梨・比護遥・輪島裕介訳『反日　東アジアにおける感情の政治』人文書院）

玄武岩（2016）『「反日」と「嫌韓」の同時代史』勉誠出版

小森陽一（2001）『ポストコロニアル』岩波書店

倉橋耕平（2020）「「歴史」はどう狙われたのか?」『教養としての歴史問題』東洋経済新報社

前川一郎（2020）「植民地主義忘却の世界史」『教養としての歴史問題』東洋経済新報社

本橋哲也（2005）『ポストコロニアリズム』岩波新書

中藤玲（2021）『安いニッポン「価格」が示す停滞』日経プレミアシリーズ

西村幸祐（2004）『「反日」の構造』ＰＨＰ研究所

西村幸祐（2005）「『マンガ嫌韓流』を嫌う大マスコミ」『WiLL』二〇〇五年一二月号、八四〜九三頁

西村幸祐（2009）「情報統制と報道テロリズム」『撃論ムック　反日マスコミの真実2009』オークラ出版、四〜五頁

西村幸祐（2014）「現代のレヴァイアタン・反日マスコミ」『撃論ムック　反日マスコミの真実2014』オークラ出版、二一〜三三頁

酒井直樹、伊豫谷登士翁、ブレット・ド・バリー編（1996）『ナショナリティの脱構築』柏書房

将基面貴巳（2019）『愛国の構造』岩波書店

高雄きくえ（2020）『わたしの名前　フェミニズム植民主義という視点』ひろしま女性学研究所

田辺俊介編（2019）『日本人は右傾化したのか　データ分析で実像を読み解く』勁草書房

田中拓道（2020）『リベラルとは何か　一七世紀の自由主義から現代日本まで』中公新書

（くらはし　こうへい・創価大学文学部准教授・社会学）

論文

斎藤幸平『人新世の「資本論」』から考える晩期マルクスの思想

百木　漠

一　マルクスの再生

斎藤幸平『人新世の「資本論」』は二〇二一年新書大賞を受賞し、二〇二一年九月時点で売上三七万部を超えるベストセラーを記録している。マルクスをテーマとした人文書としては異例の売れ行きである。「脱成長」や「気候危機」をテーマとした本書の議論が、ビジネス誌や若者向けファッション誌で紹介されたりするなど反響も大きい。二〇一八年や二〇一九年には、マーク・フィッシャーが『資本主義リアリズム』で取り上げた「資本主義の終わりを想像するよりも世界の終わりを想像する方がたやすい」という言葉が流行したように、「資本主義の終わり」を論じることなど全くもって非現実的という雰囲気が強かったのだが、本書の登場によってそうした風潮に確実に変化がもたらされた。マルクス再評価の機運も高まっており、思想の力を感じさせられるところである。斎藤自身も認めるように、コロナ禍において社会の様々な矛盾が一気に噴出したことも、こうした変化を後押ししていよう。

本書の特徴は何よりも、晩期マルクスの思想と気候危機をはじめとする現代の環境問題を結びつけて論じたところにある。マルクスは労働者の搾取を問題としていただけでなく、資本主義が地球環境を搾取・破壊をすることまでをも問題としていたことを、最新のMEGA研究から明らかにし、そこからさらに「脱成長コミュニズム」という新たなビジョンを提示する。最新のマルクス研究を披瀝するという学術的探求と、気候危機問題の解決策を探るというアクチュアルな取り組みが見事に結びついているところに、本書の醍醐味があると言えよう。

ネグリ＋ハートによる〈コモン〉の思想や、ブラント＋ヴィッセンによる「帝国型生活様式」批判、シュテファン・レーセニッヒによる「外部化社会」論、ロックストロームによる「デカップリング」論など、国際的な最新研究の成果がふんだんに盛り込まれ、それらがマルクス研究および気候危機をめぐる国際社会の動向と結びつけて論じられているところも啓発的で読み応えがある。現代の気候危機を乗り越えるためには、グリーン資本主義やSDGsなどといった中途半端な施策はむしろ有害であり、資本主義そのものを廃棄するというラディカルな発想が必要なのだ、という挑発的なメッセージも話題となっている。思想史研究がこれほどアクチュアルで実践的な意味を獲得することも稀なことであろう。

筆者は『唯物論』（第九四号）において、『大洪水の前に』で示されたエコ・マルクス主義の立場にいくつかの観点から疑問と批判を示した（百木 2020）。その要点を記しておく。(1)「物質代謝の亀裂／撹乱」という表現は『資本論』のなかでそれぞれ一度ずつ使われる用語にすぎず、ここにこそマルクス思想の核心があるというのはいささか恣意的ではないか。(2)晩年のマルクスはエコロジーや植民地支配や女性差別への問題意識を強めていた、という指摘はポリティカル・コレクトネスの理念に適うものではあるが、そうした「リベラルなマルクス」像だけでは不十分なところもあるのではないか。(3)エコ社会主義のもとで物質代謝を合理的に管理するという目標には、最終的に自然を人間の理性と技術によって制御できるという傲慢さが含まれていないか。(4)『パリ草稿』における「人間と自然の本源的統一」「人間と自然の和気あいあいとした関係」といったロマン主義的な理想を肯定的に描くことは、素朴な疎外論的図式に陥っていないか。(5)物質代謝を軸に人間の活動を読み解こうとするエコ社会主義の思想は、下手をすれば、人間を自然的必然性の観点から同一的に捉えるエコ全体主義にも繋がりかねないのではないか。

しかし本書ではこうした批判がいずれも乗り越えられていることに驚かされた。本書の凄さは、「脱成長コミュニズム」というビジョンを示すことによって、資本主義リアリズムだけでなく、従来のマルクス主義も、さらに前年までの自分自身の思想（エコ社会主義）も乗り越えようとしているところにある。例えば斎藤は次のように書いている。

もちろん、これまでも研究者たちは、マルクスがヨーロッパ中心主義を捨てたというアンダーソンのような指摘については、喜んで認めようとした。それが、現代的に見て、ポリティカル・コレクトネス（PC）なマルクスに近づけてくれるからである。拙著『大洪水の前に』が「環境主義者としてのマルクス」を展開したときも、PCなマルクスを提示しようとする試みとして、世界中のマルクス主義者たちから歓迎された。けれども、誰も、「脱成長コミュニズム」というところにまでは踏み込めなかった。『大洪水の前に』も、やはり持続可能な経済成長を追求する「エコ社会主義」をマルクスの思想として指摘する段階でとどまっていた（一九八〜一九九頁）。

ここには「PCなマルクス」「エコに優しいマルクス」を提示するにとどまらず、さらにそれらの地平をも踏み越えて先に進もうとする斎藤の意気込みが感じられる。最前線のマルクス研究の成果と気候危機に対する最前線の取り組みを掛け合わせながら、さらに自らの思想も更新していこうとする、勇猛果敢な姿勢が本書を魅力的なものにしている。その点、同世代の研究者として大いに刺激を受けた。

二 「脱成長コミュニズム」はどこが新しいのか

実は本書において、斎藤はかなり大胆なマルクス解釈を提示している。

次頁図のように、マルクスの思想を一八四〇〜五〇年代の「生産力至上主義」、一八六〇年代の「エコ社会主義」、一八七〇〜八〇年代を「脱成長コミュニズム」と、段階的に区別する見方を示しているのだ。斎藤は前著『大洪水の前に』において、後期マルクスがエコ社会主義の思想に辿り着いたことを示していたが、本書ではさらにその後、晩年のマルクスが脱成長コミュニズムという思想に行き着いたという新たな仮説を提示しているのである。それは、マルクスが若き日に抱いた生産力至上主義やヨーロッパ中心史観とは「真逆の立場」であり、「社会主義に移行できれば、持続可能な経済成長が可能だ」と考えられていたエコ社会主義とも異なる、さらに高次の共産主義である。「これこそ、誰も提唱したことがない、晩期マルクスの将来社会像の新解釈」であり、「盟友エンゲルスでさえも、まったく理解することができなかったもの」だと斎藤は明言

		経済成長	持続可能性
1840-50 年代	生産力至上主義 『共産党宣言』、「インド評論」	○	×
1860 年代	エコ社会主義 『資本論』第 1 巻	○	○
1870-80 年代	脱成長コミュニズム 『ゴータ綱領批判』、「ザスーリチ宛の手紙」	×	○

（『人新世の「資本論」』197 頁）

している（一九七頁）。そして、気候危機や格差拡大をはじめとする資本主義の限界に突き当たっている現代の人類が目指すべきなのも、この脱成長コミュニズムの思想だという。

斎藤によれば、晩期マルクスにとっての重要な展開は『資本論』第一巻刊行直後の一八六八年に訪れる。「一八六八年以降、マルクスは自然科学やエコロジーの研究に取り組むようになっただけでなく、非西欧や資本主義以前の共同体の研究に大きなエネルギーを割くようになっていった」（一七一頁）。具体的には「一八六八年に、マルクスはゲルマン民族の共同体に関心をもち、一八七〇年代以降は、かなり熱心に非西欧・前資本主義社会の土地所有制度や農業について研究」するようになっていき、一八五三年の「インド評論」とは明らかに異なる考えをもつようになっていく。そうした認識の変化が明確に表れているのが、一八八一年に書かれたザスーリチ宛ての手紙であり、ここでマルクスは『資本論』第一巻序文に示されていたような進歩史観を捨て、「資本主義という段階を経ることなしに」ロシアはコミュニズムへ移行できる可能性があることを認めるに至ったとされる。

ケヴィン・アンダーソンは『周縁のマルクス』のなかで、晩年のマルクスがヨーロッパ中心主義の単線的な進歩史観を捨て、複線的な歴史観を取るようになったことを指摘した。斎藤はそこからさらに進んで、マルクスが「生産力至上主義」を捨て去るにまで至ったことを認識せねばならないと論じる。進歩史観は「ヨーロッパ中心主義」と「生産力至上主義」という二つの要素から構成されているが、晩年のマルクスは前者だけでなく後者（＝成長主義）をも棄却する段階に至ったことが決定的に重要であり、それこそ従来のマルクス主義者たちが見落としてきたものだった。すなわち、「これまでマルクス主義と脱成長は、水と油の関係にあると考えられてきた。従来のマルクス主義では、コミュニズムは労働者たちが生産手段を奪還することで、生産力と技術を自由に操り、自らの生活を豊かにする社会として構想されていた。そのような社会は、脱成長とは相容れないものとみなされていたのだ。／だから、マルクスの共同体研究も、エコロジー研究も、その存在は知られていたが、両者を組み合わせようとはしなかったのである。それはマルクス研究者が脱成長を受け入れられなかったせいなのだ」(一九八頁)。

しかし、以下は筆者(百木)の疑問であるが、従来のマルクス研究者は本当に「脱成長」や「脱生産力至上主義」を受け入れてこなかったのだろうか。アーレント研究者である筆者がマルクス研究史に疎いだけなのかもしれないが、マルクスの精神を継ごうとする研究者たちが、成長至上主義や生産力至上主義という資本主義的な発想を批判的に捉えてこなかったというのは、むしろ意外に思える。かつてのソ連や中国のような社会主義国が、冷戦下で資本主義国に負けぬよう、資本主義を上回る経済成長や生産力の向上を目指してきたことは確かであろう。しかし、そうした政治的状況から免れたマルクス研究者のなかには「脱成長」的な方向性からマルクスの思想を捉えようとした者も少なからずいたのではないか。例えば、廣松渉でさえ、マルクスの目指す共産主義社会とは「決して生産力第一主義ではありません」、「未来社会においては、生態系破壊を禁圧するエートスや評価規範が形成されることでしょう。それもおそらく『エコロジカルな価値』が経済活動の基軸的な評価基準になるものと予料されます」といった言葉を残している(廣松 1990：255)。

筆者の印象では、「脱成長」や「脱生産力至上主義」それ自体は必ずしも目新しい主張ではない。成長至上主義や生産力至上主義を脱しようとする議論は、マルクス主義の内外を問わずこれまで繰り返されてきたものであり、資本主義の暴走が環境破壊や途上国の収奪をもたらすからこれを止めねばならないといったエコロジカルかつ正義論的な主張も、それ自体はありふれたものだ。それよりも、本書の主張の新しさは、「脱成長」や「エコロジーへの配慮」といったいわばありふれた議論が、「非西洋的・前資本主義的な共同体の再評価」という晩期マルクスの志向と結びつくことによって、新たな意味合いを獲得するところにある。①脱成長、②エコロジカルな視点、③非西洋的・前近代的な共同体の評価、という三つの要素が組み合わせることによって、従来とは異なるイメージでもって、新たな共産主義社会を構想することが可能となる。筆者の考えでは、①や②よりもむしろ③こそが従来のマルクス研究者に欠けていたものである。

斎藤も述べるように、晩年のマルクスが前近代的な共同体への関心をもっていたこと自体は以前から知られていた。しかし、そのことの意義がこれまでは十分掴み取られず、マルクスの未来社会構想とどのように結びつくかが上手く描き出されてこなかった。例えば、ザスーリチへの手紙にしても、それが単に老年マルクスの気まぐれやリップサービスであるかのように受け取られる場面も少なくなかった。そうではなく、これがむしろ晩期マルクスの到達した、「脱成長コミュニズム」の立場であるとしたところに本書の新しさがある。従来の左翼思想では切り捨てられてきた前近代的な共同体の取り戻し（これはむしろ保守主義的な発想である）を通じて、エコロジカルな脱成長を実現するというビジョンこそ、本書の示したアクチュアルな思想であろう。

三　ゲノッセンシャフトの解釈をめぐって

さらに斎藤は『ゴータ綱領批判』の有名な一節について興味深い解釈を提示している。

> 共産主義社会のより高次な段階で、すなわち個人が分業に奴隷的に従属することがなくなり、それとともに精神労働と肉体労働の対立がなくなったのち、労働が単に生活のための手段であるだけでなく、労働そのものが第一の生命欲求となったのち、個人の全面的な発展にともなって、またその生産力も増大し、協同的富のあらゆる泉がいっそう豊かに湧き出るようになったのち——そのとき初めてブルジョア的権利の狭い限界を完全に踏み越えることができ、社会はその旗にこう書くことができる——各人はその能力に応じて、各人にはその必要に応じて！（『ゴータ綱領批判』、傍点は引用者）

ここで協同的富と訳された箇所の原語は der *genossenschaftliche* Reichthum である。この語は従来「協同組合的富」と訳されてきたが、その訳語は不自然だと斎藤は主張する（二〇一頁）。「そのような読み方をしてしまうと、『生産力も増大し、協同組合的富のあらゆる泉が一層豊かに湧きでる』という文章は、生産力至上主義の支持表明になってしまう。だが、マルクスが一八七〇年代にそのような立場を取っているはずがない」（二〇二頁）。そして、『ゴータ綱領批判』の執筆時期から推測するに、ここでいう「ゲノッセンシャフトリッヒ」は、ゲルマン民族の「マルク協同体（Mark*genossenschaft*）」を意識したものであるはずだとする。それゆえ、この箇所は「協同体的富」と訳されるのが最もふさわしいというのである。

　これもまたかなり大胆な仮説であろう。もともと『ゴータ綱領批判』は、アイゼナハ派とラサール派が合同してドイツ労働者党を結党した際に発表した綱領を批判して書かれたものであった。そこでは国家援助を受けた生産協同組合という設立というラサール派の考えが厳しく批判され、協同組合は「政府からもブルジョワからも保護されずに、労働者によって自主的に創設されたものであるかぎりにおいて」初めて価値をもちうる、とマルクスは主張したのだった。また彼らのいう「労働収益の公正な分配」の内実も曖昧であり、それはあくまでブルジョア的権利を指すものにすぎず、それを最善のものに改良したとしても、せいぜい「共産主義社会の第一段階」に当てはまるものでしかない、とマルクスは断じた。

　こうした文脈から、先の引用箇所は、高次の共産主義段階で実現されるべき「協同組合（＝アソシエーション）的な富」の理想を論じたものとこれまで受け取られてきたし、「個人の全面的な発展にともなって、またその生産力も増大し…」という記述も、資本主義を揚棄した共産主義社会においてこそ、より高い生産力と豊富な富が実現されることを意味するものと解釈されてきたのだった。しかし斎藤はこうした従来の解釈を批判し、ここでのゲノッセンシャフトリッヒは「マルク協同体的な富の管理方法をモデルとして、西欧において再構築されるべき」定常型経済の社会共同性を指していると読むべきだと主張するのである。

　これは大変魅力的な解釈だが、この解釈についてはなお議論の余地が残されているように思われる。『ゴータ綱領批判』の記述に内在する限りでは、この箇所でマルク協同体が想定されていると読み取ることは難しい。斎藤は、この時期のマルクスがフラースやマウラーのマルク協同体論を高く評価していたことを参照しながら考察を進めているのだが、そうした状況証拠でもって、ここでのゲノッセンシャフトリッヒを「協同組合的」ではなく「協同体的」と訳すのが本当に適切なのかどうか。先述のとおり、国家支援型の協同組合というラサール派の構想を批判したという文脈からは、やはりここでのゲノッセンシャフトは〈定常型の地域共同体〉よりも〈高度な生産力を伴うアソシエーションとしての協同組合〉が想定されているのではないか、と読みたくもなる。ただ、本書を読んで改めて気づかされたことだが、マルクスはラサール派の提案する協同組合についてはKooperative、自身の理想とする共産主義段階についてはGenossenschaftという語を用いており、この使い分けに何らかの意味が込められていると推察することには理があろう。この点、アソシエーションとゲノッセンシャフトの使い分けなども含めて、マルクスが理想とした共産主義社会のイメージをより具体化していく作業が求められよう。

あわせて、『資本論』第一巻時点のマルクスを「エコ社会主義」、それ以降の晩期マルクスを「脱成長コミュニズム」と区別することの妥当性も議論してみたいところだ。『ゴータ綱領批判』における「個人の全面的な発展にともなって、またその生産力も増大し、協同（体）的富のあらゆる泉がいっそう豊かに湧き出るようになったのち」という記述や、『資本論』第三巻における「かの発達につれて、この自然必然性の領域は拡大される。というのは欲望が拡大されるからである。しかしまた同時に、この欲望を満たす生産力も拡大される」（MEW 25. S.828）といった記述からは、共産主義社会実現のためには相当に高い生産力が必要とされることをマルクスが前提としていたことが窺える。晩年のマルクスが生産力至上主義者でなかったというのはその通りであろうが、『資本論』第一巻時点においても、それ以降においても、マルクスは生産力の向上を資本主義克服のための必要条件と考え、それ自体を至上目的としてはいかなかったという点では、一貫していたと捉えるべきではないか。

『資本論』第一巻刊行後のマルクスが、古代共同体やエコロジーへの関心を深めたことが確かであるとしても、そのことが生産力の向上や経済成長に関するマルクスの思想を根本的に転換させるにまで繋がったと言えるのかどうか。斎藤自身も、資本主義のもとで培われた技術力や生産力を捨てる必要はなく、それを活用しながらポスト資本主義へ向かえば良い、という旨のことを述べているが、晩年のマルクスにおいても社会的生産力を向上させて潤沢な富をもたらすことと資本主義を乗り越えることは矛盾せずに結びついていたように思われる。だとすれば、『資本論』第一巻時点ですでに脱成長コミュニズム的な思考はマルクスのなかに存在していたとは言えないのか。先の図に示されたような年代的区分は、分かりやすく斬新であるものの、やや単純化されたきらいもあるのではないか。こうした点はなお議論の余地があるだろう。

四　日本における協同体的生産とは

もうひとつ、非西洋・前資本主義的な共同体の再評価という観点から考えてみたいことがある。ザスーリチ宛の手紙で示されていたように、ロシアの伝統的な共同体的生産が資本主義を克服する土台となるのであれば、われわれが日本において資本主義を乗り越えるためには、日本の伝統的な共同体の生産方法を見直す必要が出てくるのではないか。そしてそこから現れてくる脱資本主義の運動は、西洋のそれとは異なる形をとる可能性が高いのではないか。これまで進歩主義的な唯物史観においては、各地の伝統的共同体の生産方法や所有形態は近代化とともに止揚されるべきものと見なされてきた。しかし晩期マルクスによる古代共同体への着目が示しているのは、そうした前近代的なものは簡単に廃棄してよいものではなく、むしろそこにこそポスト資本主義のヒントがあるということだった。

そうであるとすれば、日本（のみならず非西洋圏の国々）における脱資本主義への道は、欧米型の社会運動とは違ったかたちを取る可能性があるということになろう。斎藤をはじめとするマルクス研究者たちは、「労働問題や気候危機に対して欧米では積極的な社会運動が展開されてきたのに対して、日本の社会運動は何周も遅れている」といった主張をしばしば行うが、それもまたヨーロッパ中心的な進歩史観の一種だということにはなるまいか。脱資本主義への道のりも、その結果として行き着く脱成長コミュニズムの形態も、非西洋地域では西洋において実現されるものとは違ったものになる可能性があるのではないか。言いかえれば、近代化＝資本主義化への道のりと同様に脱資本主義への道のりも地域ごとに複線的なものになりうるのではないか。

内山節などの研究が示すように、もともと日本の農業は各地域の風土や季節の循環などを考慮して、自然と共生しながら定常型・循環型の農作を続けてきたものがほとんどであった。短期的な利益を追求して土地に負担をかけるやり方では農業が長続きしないことを農家の人たちはよく知っており、自然のリズムに合わせるかたちでの持続的な農業方法を開発してきた。農業に限らず、今日でも日本の各地域には資本主義的な増殖運動に呑み込まれないかたちで、持続性を重視した商売は多いはずだ。例えば京都には、無理をして売上を増やそうとする商売を戒め、「儲けすぎたらあかん。商売はぼちぼち」という精神で商いを行ってきた老舗企業が多くある。農業にせよモノづくりにせよ商業にせよ、市場経済には乗りながらも、資本主義的な増殖運動には乗らない、隣人との長期的関係や自然環境の持続性に配慮した経済のあり方が長く存続してきた。そうした日本の伝統的経済を「高次元に回復する」（柄谷行人）ことが資本主義への対抗的な手段になるのではないか。

こうした議論に関連して、筆者が連想したのは、柳田国男や網野善彦の思想である。

自身がマルクス主義者であることを公言していた網野善彦は、中世以前の日本では、人間の力が全く及ばない「無所有」の世界が自然界に広がっているという意識が非常に広かったはずだと述べている（網野 2012：20-21）。例えば、まだ人間の登ることのできなかった富士山は、誰のものでもない「無所有」のものとして、宗教的な畏敬の感情を伴いながら存在していた（「境界に生きる人びと」）。そこには人の力を超えた畏怖すべき聖なるものが存在していると考えられており、それは決して所有の対象でも制御の対象でもなかった。こうして自然を「無所有」のものと考える日本の前近代的価値観は、「アソシエイトした生産者たち」が「物質代謝を合理的に規制し、自分たちの共同的統制のもとに置く」ことができるというマルクス的（西洋近代的）な発想とは、似て非なるものである。人間が自然を合理的に規制し制御することなど不遜であると考え、自然を崇拝の対象として捉えるからこそ、自然の乱獲を戒め、持続可能な形で自然環境を保とうとしてきた、日本の伝統的な態度のうちにこそ、この国で脱成長コミュニズムを実現するヒントがあるのではないか。

柳田国男は、日本古来の自然村のあり方に着目しながら、「共同団結」の基礎となりうる「隠れたる連帯」を掘り出すことによって、農民の「共同相助」のための産業組合を組織すべきことを提唱した（川田 2016）。若き日の柳田は、農商務省の官僚として主に東北地方の農村の実態を調査・研究しながら、日本の農業改革を訴え、封建的な小作制度を廃止するとともに、独立自営農民を育てることによって農業生産力を向上させ、農村を貧窮から救い出すべきことを提言したのだ（『農政学』）。それと同時に、農民どうしを連帯させる相互扶助組織としての協同組合の必要性を主張し、そこにおいて「農村における前近代的な協同のあり方を否定的媒介にして、産業組合と農業組合とを打って一丸とするようなあたらしい組合のありかたを――超近代的な組合のありかた」を構想していた（花田清輝「柳田国男について」、強調は引用者、柄谷 2014：18も参照）。柳田のこうした主張は、古代共同体の土地所有や農業経営のうちに資本主義を乗り越える可能性を見出した晩期マルクスの思想に通ずるものと言えよう。

柄谷行人が紹介するように（柄谷 2014：67 以下）、柳田は一九〇八年に九州四国地方の農村を視察した旅行において、焼畑と（猪）狩猟で生活を営み続けている椎葉村に感銘を受け、そこに日本の伝統的な「協同自助」の実践と「社会主義の理想の実行」を見出した。

> …此山村には、富の均分というが如き社会主義の理想が実行せられたのであります。『ユートピヤ』の実現で、一の奇蹟であります。併し実際住民は必しも高き理想に促されて之を実施したのではありませぬ。全く彼等の土地に対する思想が、平地に於ける我々の思想と異なって居るため、何等の面倒もなく、斯る分割方法が行わるるのであります。（「九州南部地方の民風」）

こうした柳田の記述は、ゲルマン民族によるマルク協同体のうちに「社会主義的傾向」を見出したマルクスの興奮と通ずるものだと思われる。

柄谷によれば、柳田の提唱した固有信仰の背景には「富と権力の不平等や葛藤がないような社会」があった（柄谷 2014：143）。それは水田稲作農民の共同体ではなく、それ以前の遊動民（椎葉村における焼畑狩猟民や日本古来の「山人」たち）の協同社会をイメージしたものであった。柄谷はこうした日本固有の遊動的生活（交換様式O）を「高次元に回復する」ことによって、資本主義と国民国家を同時に揚棄する「交換様式D」へと至ろうとする道筋を示そうと試みている。

斎藤が本書で示した構想を日本で実践しようとするならば、それは欧米型の社会運動だけでなく、こうした日本の伝統的共同体の回復をも経由する必要があるのではないか。斎藤の理路からすれば、当然そのような結論が導かれるであろうところ、本書にはそうした視点が欠けているように思われた。こうした日本的（さらに広く言えばアジア的）共同体の再評価という要素を本書に補っていくことにより、日本（さらには非西洋圏）における脱成長コミュニズムの実現可能性をより高めていくことができるのではないか。

五　左／右、西洋／非西洋、古代的／近代的の二項対立を超えて

　とはいえ、ここで西洋的／日本的という二項対立を強調しすぎる必要もないだろう。日本でも西洋思想から多くを学び、西洋由来の社会運動を実施していくこともできる。斎藤自身が多くの事例を紹介しているように、日本でも気候変動問題に取り組む人々は多方面で現れてきている。本書に感化されて活動へ乗り出す若者も出てくることだろう。他方で日本（をはじめとする非西洋圏の国々）が西欧と同様の社会運動の道を取らねばならないという必然性もない。本書の議論（と晩期マルクスの思想）にもとづくなら、脱資本主義の道は複線的でありうるはずだからだ。

　本書第後半で紹介されている、バルセロナやデトロイトなどの自治都市（ミュニシパリズム）の事例や、サパティスタやヴィア・カンペシーナなどのグローバルサウスにおける抵抗運動（食料主権）の事例も非常に啓発的である。日本でもこうした自治運動を展開する都市が出てくることを期待したい。

　食料主権の事例に関連して、筆者がもうひとつ連想したのは、ガンジーの不服従運動であった。ガンジーといえば、非暴力を掲げた聖人君主というイメージが強いが、彼の伝記を読むと、彼がさまざまな戦略を駆使して英国の植民地支配に抵抗し、現代の「食料主権」や「コモンの共同管理」に通ずる社会運動を展開していたことが分かる（Akinyemi 2010）。例えば、綿や藍や塩などのインドの自然産物に関して、英国政府が不当な税を課したり、単一生産を強制したりすることに対して、ガンジーは頑強な反対運動を展開した。そうした自然物はあくまでインド国民が自主的に生産・管理・消費すべきものであって、他国がそれを搾取することは許されない。ガンジーは自ら西欧由来のスーツや洋服を着るのをやめ、インドの伝統的な衣服を着用することによって、西洋の価値観や経済体制に染まることを拒否し、インド古来のやり方で生活を営むべきことを主張した。

　こうしたガンジーの政治運動は、植民地支配および資本主義的搾取への反抗運動であると同時に、インド古来の共同体的生産や生活形式を取り戻そうとするナショナリズム的な側面も持っていた。有名な「糸車を回すガンジー」の像も、そうした観点から見ると、また新たな印象を得ることができる。ガンジーは英国式の工場で生産される洋服を

着ることを拒否し、インドに暮らす人々はインドの伝統的な方法（糸車）で編まれた衣服を着るべきだと主張したのだ。ガンジー自身はマルクス主義者ではなかったけれども、ここにもやはり、伝統的共同体の再評価を土台としながら、資本主義および帝国主義を乗り越えようとする「脱成長コミュニズム」的な姿勢を見出すことができる。

前近代的な共同体や生産方法の取り戻しを通じて資本主義を乗り越えようという発想じたいは、これまでも保守主義者から繰り返し論じられてきたもので、これもまたさして珍しいものではない（例えば西部邁や佐伯啓思などの主張がその典型である）。あえて大括りに言えば、本書が晩期マルクスの思想として強調する、①脱成長、②エコロジカルな配慮、③非西洋的・前近代的共同体の再評価、という三つの要素は、それぞれを取れば、とりたてて新しいものではない。従来、リベラル／保守の双方からそうした主張は行われてきた。しかし本書の眼目は、これらの要素を総合して、それらを晩期マルクスの思想および現代の気候危機問題と結びつけながら、「脱成長コミュニズム」という新たなビジョンを提示したところにある。これがクラシカルかつアクチュアルな思想として、さらには左翼／右翼や西洋／非西洋の対立をも止揚する思想として、いま輝きを放っているのだ。

二〇二〇年代に入り、新たなディケイド（十年間）が始まった。コロナ禍の到来とともに、思想的にも潮流が変わり始めていることを感じる。その最初の年にグレーバーの『ブルシット・ジョブ』と本書が刊行され、ともにベストセラーとなったことはそうした新たな潮流を象徴している。九五年以降、四半世紀ほど政治の右傾化とリベラルの退潮ばかりが語られてきたが、本書の登場とともに左翼（マルクス主義）による思想の巻き返しを期待したい。

文献

Akinyemi, Rowen（2010）*Gandhi*, Oxford University Press.

網野善彦（2012）『日本中世に何が起きたか――都市と宗教と「資本主義」』洋泉社。

川田稔（2016）『柳田国男――知と社会構想の全貌』ちくま新書。

柄谷行人（2014）『遊動論――柳田国男と山人』文春新書。

斎藤幸平（2020）『人新世の「資本論」』集英社新書。

廣松渉（1990）『今こそマルクスを読み返す』講談社現代新書。

百木漠（2020）「エコ・マルクス主義に対するいくつかの疑問」『唯物論』九四号、東京唯物論研究会、六五～八三頁。


（ももきばく・関西大学准教授・政治思想史）

論文

感情教育試論

小野隆信

問題の提起

人間の幸福とは、あなたが他者に与える感情のことであり、他者があなたに与える感情のことだと感情を重視する心理学者はいう。けれども、あなたはこの感情を直接与えることはできず、表情、しぐさ、ことば、行為等を介してしか与えることはできない。ここにこそ、問題の複雑さが存する。

感性的に与えられる実在は、本質の概念的決定の明確で不可避の前提条件である。感性的なものの思考に対する優位性は、実在の本質に対する優位性である(1)。ここでルビンシュテインが感性、感覚的なものをいかに高く位置づけているか、それらが人間存在の核的意味を帯有していることを確信的に叙述している。

さらにルビンシュテインはいう。直接現在する存在の感性的認識は、存在から離れ、上方に立ちあがるかのように認識がよりどころとする不可避の出発点であるだけでなく、どんな思考運動によっても認識成分から決して一掃されない人間による世界認識の不可避の構成要素である(2)。どんな科学的思考活動においても、感情的、感性的なものが、この活動内部に深く浸透していることを明確に示している。

ここで、教授=学習過程とかかわってひとつの実例をあげておきたい。教授=学習過程という表記は、教授者と学習者の相互交流によって、当初の課題がその終わりにはいっそう豊かなものになるという意を込めて用いている。

ざっくりいえば、授業ということになるが教授＝学習過程は必ずしも授業に限定されない。

一九八〇年代のことである。芝田進午氏が主宰しているセミナーにある日、障害児教育史が専門の清水寛氏がゲスト講師として招待された。その日、清水がどんな話をしたのかほとんどおぼえていないが蝶を舞ったことだけは、きわめて鮮明におぼえている。講義室の端に立ち、大きく両手を回しながら蝶の羽の動きを模し、一度腕をたたんですべてを休止し、その後向きを変えてボードの裏をくるっと回ってでてき、ニコっと微笑んだのである。その時、ドッと大爆笑が発生したのである。背広をきた立派な大人が、まるで幼稚園児であるかのようにふるまったそのアンバランスが何ともおかしくて仕方なかった。どんなコンテクストのなかから蝶を舞うことになったのかも記憶していないが、それはとてもあたたかい性質の笑いで、障害児の前ではこのように大きくふるまわなければ伝わらないんだよ、と示唆しているようでもあった。わたくしは、自分にもあんな演技ができたら、どんなにすばらしいだろうという憧れの気持ちとともに長く記憶している。

先の清水の例では、話す内容だけでなく、表情、しぐさ、動きもまた、緊要なもので教授＝学習過程の不可欠の構成要素であることを教示した。それは教室全体の空気を和らげたということだけでなく、次にはどんな芸が飛び出してくるんだろうという期待感をもって話に集中することにもなった。教授＝学習過程とは、とりわけ学習者にとって未知の領域、世界へと踏み込もうとする現在の自己を越えようとするモメントでもあり、教材を介して教授者と学習者、学習者間でさまざまな感情が飛び交うドラマである。

わたくしは先に「感情教育の前提」を発表したが、「なぜ感情教育なのか」という声があり、ここでは感情教育の目的について再論することから始めたい。

Ⅰ　感情教育の目的・再論

人間の感情に一定の影響を与えようとする意味での感情教育は、あらゆる時代におこなわれた。その目的は、支配階級の世界観からみて社会的に価値ある人間に相応しい感情をつくりだすことである。人類史の黎明期から現在に至るまでの教育や道徳を歴史的にみると、このことがよくわかる。階級社会では、それぞれの階級にそれぞれの感情教育の課題が生じた。抑圧階級が被抑圧大衆を自分に従わせようと熱望したにもかかわらず、被抑圧大衆の間には他の目的をもった感情教育が生きつづけた(3)。
貪欲、虚栄心、利己心、人間不信と反目感、シャーデンフロイデ等ではなく、社会的感情、人びとの友好と共同の精神、弱者、障害者の理解と共感、連帯感、自尊心、権力の横暴を許さない正義感等を育むのがわれわれの感情教育の目的である。

感情教育は、感情が発達することを前提としているが、成長に伴うたんなる発達は感情教育とはいわない。階級社会ではその歴史にみられるように、抑圧階級は大衆を自らに従わせようと強権、欺瞞、弱者いじめ等をくり返してきており、被抑圧階級とはまったく異なる感情教育の目的を帯有している。こうした感情教育では人格を奇型化させることはあっても、まっとうな人格発達を保障することはできない。われわれの考える感情教育の目的は、社会歴史的に制約されてはいるが、この国に生きる者として強権に屈することなく、不正を許さず、貧しき人びと、弱者、障害ある人びとに深く共感し、ヒューマニズムにみちた真に豊かな感情生活を送るなかで、民主的人格の形成を保障することである。これは現在の社会を批判的に発展させようとする不撓な道徳的感情を包摂する語の真の意味での人間らしい精神生活を確立していくことである。

結局のところ、感情が人間の行為の重要な方針を決定する。理性主義者は、個人的問題決定にさいして理性に従う、というかもしれない。しかしわたくしは、こうした二分法はとらない。学習し会得したものも含めて、対人関係、生活活動における主体の位置・役割とともに積極性を決定づけるのは人格としての感情である。無感情は、この世のすべてに対する無関心、精神的死を意味し、それゆえ、感情教育が人格形成上、きわめて重要なものとなる。

感情の行動喚起作用とは、ある粗暴な感情発作に屈してそれをそのまま行動に移すことではない。自らの思想的信念、世界観、道徳意識等を形づくる道程において、これらとの連関のなかで大きく感情表現したり、むしろ感情的には抑制的で理性的、認識的力に依存しつつ自己を表現するというように、人格総体のなかで感情的なものと認識的なものがバランスよく相互連関しつつ自己表現できるようにすることである。感情と認識が個々の局面で果たす役割は異なっているが、感情が人格を特徴づけるとき、しっかりした認識に支えられた汲み尽くせないほどの感情によって、人格の自分らしさ、自己固有性は表現されるのである。

これまで、感情教育の目的について重層的に述べてきたが、ここからより具体的でポレミックな問題を提起しなければならない。たんに芸術作品の受容によって望ましい感情を体験させたというだけでは感情教育にはならなくて、その感情を実際的行動的なものにする必要がある、とヤコブソンは強調する。(4) これは芸術作品に限らず、教授＝学習過程等で発生したさまざまな感情についても同様である。要するに、行動に起ちあがる必要がある、といっているのである。これは「哲学者たちは世界をただ興さまざまに解釈してきただけである。しかし肝心なのは、それを変革することである」というマルクスの「フォイエルバッハにかんするテーゼ」の有名なフレーズが想起され大変魅力的である。

ルビンシュテインはいう。「内的必然性を伴う感情は、行為の動機、出発点としての衝動である欲求と行為の──積極的または消極的──結果との相互関係から生みだされる。この連関は相互的である。すなわち、一面からは、人間の活動の進行と結末は一般にあれこれの感情を人間によびおこし、他面においては、人間の感情、その感情的状態は彼（女）の活動に影響を及ぼす。感情は活動を条件づけるだけでなく、感情自体もまた活動によって条件づけられる。(5)」

ルビンシュテインは、感情と活動の関係がいかに密で深いものか指摘しており、ヤコブソンも活動に起ちあがることによって、感情と活動の関係に変化が生まれ、それは人格的生活にも変容をもたらすという。

自分の情動的衝動を行動に移すことから新しい重要な体験を知るようになる。まさにこのことによって、この感情は強化される。というのはこの感情と自分の活動全体との間に一定の結びつきが形成されるからである。一連の新しい質的要素をもった感情が体験されると、それはその人の経験となる。このことは、同様の場面でこうした感情が現れる可能性を強化する。(6)

他方で、『価値としての感情』等の書物もあるベ・イ・ドドノフという感情研究者がいる。感情研究の先達としてのヤコブソンに注視していたはずだが、彼への言及はごくわずかしかなく、むしろルビンシュテインの方をより多く引用・紹介している。ドドノフの著作をすべてよんだわけではないが、感情教育にはあまり言及していなくて、上の書名からしても感情に対する理解がヤコブソンとはずいぶん異なる印象をもっている。だが、とりたててヤコブソンを批判しているわけではない。

感情が付与する価値のために活動を促すのであれば、感情は自立した価値として活動動機のひとつとなる。(7)

ドドノフは感情と活動の緊密な関係を認めてはいるが、

感情はそのなかにそれ自体の有意性を内包しており、自足的価値を帯有しているというのが、彼の感情に対する基本的立場だと思う。たとえば、煩労をすっかり忘れて清朗な小高い丘の清澄な空気を全身で吸収しつつ散策する。この時、生きていることの喜びが身体全体に充溢する。ドドノフの価値感情はこうした詩的様態のなかで把らえられており、それは自らの欲求にかかわるものには高い価値をみいだすという考えに通じるものである。

また、ドドノフは感情を価値と評価という二側面から把える。

「動物でも感情充足を無自覚的に試行するが、人間の場合のみ感情への欲求は個人的に異なったものとなり、ある活動への性向を自覚して活動過程としっかり結合している。かくて、有機体の方向性だけではなく、その正常な発達・機能のためにも感情の生来的不可避性は自足的価値という人間的ステータスを獲得する。人間的感情が評価の役割としても価値の役割としても登場するということは、これら二つの役割が分割されていないことを意味するものではない。[8]」各人にとってそれぞれの感情は必要があって発生しているのであり、それぞれの感情が希求するものが十全に尊重されなければならない、というのがドドノフの基本的考えだと思う。

マルクス主義的価値論において、《価値》の概念は必ずしも一義的に解釈されない。価値と評価双方を客観的-主観的内容の二面的情報を担うものと考えて価値は評価と不可分とみなす人もいる。他方で、価値は評価する意識の結果として検討することはできず、それは客観的に存在していると考える人もいる。[9]この二つの立場の対立はその一方が誤っていると単純に解決できるものではない。たとえば、水や空気は生きていく上で絶対的価値を帯有している。飲料水を確保するために井戸を掘ったり、農作業を行うための用水路の建設が死活問題となる場合もある。けれども、こうしたことが基本的に満たされていれば、そうした事実上の価値がわれわれの活動に本質的影響を及ぼすことはなく、主体が認定する価値だけが行動動機として登場する。欲求の性格が、価値を形成する内容の基盤であり、欲求とかかわるものには高い価値がみいだされるといわれる由縁である。

「もし何事も人間を感動させず不安にもしなければ、人間は感情的飢餓を体験し始める。すべての他の満たされない欲求として感情的飢餓は特殊な感情表出を所有している。これは人間が何事にも従事していなかったり、単調な作業についていて、人間に不可避の多様な経験ができないとき体験する退屈の感情である。感情的飢餓はたんに不快であるだけでなく子ども時代の正常な人間発達を妨げ、成人期にも有害に作用する。[10]」こうしたドドノフの考えは、人間が豊かで健康な精神生活を送るためには、道徳的価値を含む感情、他のさまざまな感情が不可欠と考えており、感情それ自体をきわめて貴重なものとして把えている。

「芸術は階級的である[11]」とルナチャールスキーは明確に述べている。歌曲ではことばがあるので、その内容が何を訴えようとしているのか明瞭になる。闘争歌にことばがなかったら、意識は焦点化されずふやけたものになり闘志がみなぎることはないであろう。この点で、ことばの有無によって音楽の性格は大きく異なってくると考える。問題は器楽曲である。ことばがない分、解釈の自由度は大きくなるが、まったく無制約というわけではない。たとえば、パッフェルベルに有名な「カノン」という曲がある。とても穏やかでヒューメインな情調にふれて優しさが体全体にしみ込んでくるようであり、他者にもこのように接したいという気持ちが静かに顕在化してくる。「統一と団結を瞳のように大切に」というスローガンが浮かんでくることもある。したがって、ゆめゆめ考えもしなかった「芸術は階級的である」というフレーズが、あながちまちがっているとは思わない。

他にも生きていてよかったとか、生の喜びをおぼえさせてくれる曲、人格を励ましてくれるような曲もある。ことばをもたない曲は、聴き手による解釈の自由度を大きくするが、自分の生活とかかわって何らかの意味、道徳性を包摂している。芸術は感情発生の機会を与えるが、そのすべてが即、感情の教育となるわけではない。発生した感情が人格においてどんな役割を果たすのか必ずしも明瞭ではない。それが人間の人格特徴となり行動的性格を帯有するには、どのようにすべきなのか考察しなければならない。

ヤコブソンは以下のようにいう。感情を教育することは、それ自体が目的なのではない。感情を人に惹起するのは、感情自体のためではないし、ただたんに新しい体験をさせるためでもない。それは人格の成長を助ける基盤として必要なのである。感情の意義はそれ自体にあるのではなく、それと結びついたもの、すなわち、それによって生れる行動や行為にある[12]。

感情は内容的にも質的にも変化する。感情調節の方法も加齢とともに変化する。人間の発達過程で、自他認識、人間関係の拡がりと社会意識の発達のなかで、感情もまた豊かに変化し発達する。子ども・青年の教育過程において、知的成長とともに感情教育が問題となる。感情は加齢とともに発達する側面をもちながら、教育的働きかけによって、一定の性向をもつ感情性を育むようになる。

単調は感情を滅ぼす。感情から感情へ直接働きかける、ある時は感情交流と呼ばれるものは、非言語的作用、芸術的作用を包摂する性質のものである。感情教育とは、与えられた情感感化をうけて情操が洗練されるという受動性だけでなく、対象に働きかける能動性のなかで自らを発達させることである。新しい感情の発生はきわめて重要であるが、ただたんにその発生だけが問題となるのではない。それが何らかの考え、行為へと拓かれることであり、それは他者、集団、社会とかかわり、社会意識、社会性を高めていくものである。ウソ、不正、弱者いじめ、抑圧、搾取、疎外等と遭遇したとき、それを許さないという良心それ自体の発達が強く要請される。

上述のように、感情と活動、行動の緊密な関係はこの上なく重要で尊重しなければならず、感情教育はただたんに新しい感情を発生させるだけでなく、活動や行動に起ちあがるよう駆りたてるものだというヤコブソンの主張に、大きな目的、遠い目的としては賛同する。けれども、近い目的としては、この主張はあまりに性急で不十分だと思う。この最大の理由は、ある教育的働きかけによって一定の被教育者が同様の感情を発生させたとしても、感情というものが個人的で内面的主観性を帯有していることを考慮するなら、他と異なる感情を発生させる者がいても何ら不思議はなく、それにもかかわらず、一律に行動に起ちあがることを期待するには無理がある、ということである。くわうるに、教授者には、当日の授業での達成すべき到達目標があり、そのことに注力しつつ教授＝学習過程は進行し、新しい発見や旧来の把握と異なる理解に逢着し感嘆したり落胆したりしつつも最終的に到達目標に達成したとき、教授者は学習者のその達成感を共体感できるのであり、発生する感情は、学習活動と一体のものであり、こうした日々の活動によって感情もまた練磨されていくのである。

ドドノフがいうように、ある人にとって何かの感情が発生することはそれ自体自足的価値を帯有していることもあると思う。何かに感嘆、感動できるということは生きている証でもある。近い目的においても、行動に起ちあがることが課題となる被教育者は存在する。感情というものの本質からして必ずしも同一の目的設定は必要ない。たしかに、感情と人格の結びつきは強いが、もっと穏やかに人格に作用する感情も存在する。被教育者に希望を包摂する新しい感情が芽吹くなら、とりあえず成功と考えてよい場合もあると思う。感情の質が問題になるのだと思う。新しい感情の発生がただちに感情教育となるのではないというヤコブソンの考えを前述したが、いくらか検討が要請されている。ハッとした感覚とともに新鮮な感情が身体を駆け、それはまたこの授業にでたいという意欲を胚胎させるであろうし、他の学友の問題に接して格闘しつつも達成できた共体感等、道徳的感情につらなる場合もあり、そうした感情の発生自体が貴重なものであり教育的性質を帯有している。

ヤコブソンの主張とは真逆になるかもしれないが、ある人が何かをアクト・アウトするのを抑制する作用をもつ感情も存在する。これまで行動喚起作用としての感情の役割を強調してきたが、ここではそれとはまったく異なる感情の性格について若干述べておきたい。これは、あるいはヤコブソンやドドノフがあまり検討しなかったテーマであるかもしれない。

「感情コントロール」とか「感情制御」という表現をみたことがある。これらは主張する人によってその内容は異なるかもしれないが、わたくしはそれらを十分詳らかにしていないが、なにかに成功したとき調子に乗らず謙虚にふるまうこと等をさすのであれば、その通りだと思う。ただ不快感情等の場合、それを抑え込むのではなく行動を変えることで感情も変容することが要請される。

自殺をふみとどまらせるひとつに憎しみや攻撃心をあげる人もいるし、自殺を考えていた人が、たまたまバッハの「シャコンヌ」を聴いて生きていこうと考えなおしたという報告もある。活動を鼓舞するだけでなく、行動を思いとどまらせることも感情教育の課題だと思う。

調子に乗ってたわいないこと、野卑な話を続けている場合、無関心を装うことで相手は気を反らされ、抑制的になるかもしれない。わたくしは、これまで無関心を精神的死として徹底的に悪者扱いしてきたが、ここでは大きな意味をもってくる。

授業中、ちょっとした齟齬から生徒がチョークをぶつけてきたとき、「出ていきなさい」といった教師がいた。ところが、しばらくして逡巡しつつも教室そばの廊下にその生徒が姿をみせたのである。一触即発の事態である。この時、ひとりの生徒が「やめよう」といって授業の中止を要求し授業は終わり、大事には至らなかった。

教育現場で働く教師であれば、ことばによる暴言だけでなく、身体的に情動を爆発させる場面に遭遇することも十分考えられ、こうした場面の対応を考察しておく必要がある。「攻撃性ほど意識がはっきりとせず、行動と情動とが混じり合っている状態もない」(13)と坂元忠芳氏はいう。ナイフで刺されて亡くなった教師の「トイレにそんなに時間はかからないでしょう」という発言を坂元は「理性的言語」だと表現する。(14)

こうした情動的攻撃の場面では、相手の行為を介しその存在をくぐらせ、その心に響く感情を滲ませた感情的言語でもって応接する必要がある。そうしてはじめて感情的につながり、そのことによって情動の後退と知性の前景化を支える可能性が生れる。

人間の美の表現に対する欲求はきわめて強力で純粋で無償のものである。けれども、それは他者とのその感動の共有、感動を介して他者と結ばれたいという強い潜在的欲求に根ざしている。これは、人間のもうひとつの特性でもあるエゴイズムに対する抑制である。しかしこのエゴイズムは、資本主義社会や階級という差別の壁にかくれて容易には把えにくいかもしれないが、おりにふれて少しずつ剔抉していく必要がある。(15)ここでは、美は視覚的なものだけに限定しないで、斬新な解釈、覚醒的発見、他の学友のふるまい、発言に対するさりげない支持等きわめて多様であると思う。こうした美の共体感は、集団的連帯感を深めつつ、知性的なものと感情的なものを結んで人格全体への教育的働きかけのなかで主体が独自に活動論理を選択し発達させるものである。

人格の感情的局面における基本的相異は、誰に向け、何に向け、またそれらに対しいかなる関係を感情が表現しているか、という感情の内容と結合している。たとえば、愛はそれが誰に、また何に向けられるかによって尊敬されることもあれば軽蔑されることもある。(16)愛とは他者に関係する方法であり、社会、世界に対するわたくしの関係は、誰を、何をどのように愛するか、その関係を介して変化する。

ある感情が発生するということは、主体が刺激を受けており、その感情の性質によって、主体自身が対象に何かを感じているという事実によって価値を帯有しているが、善悪美醜等を含む感情は対象の評価を行っている。当該感情をどう評価、処遇し、次なる行為へとつなげていくか、つまり、いいかえれば、感情を自覚し思索野に登場させる必要性を学習させることが大きな目的となる。それは主体にとって有害な作因の影響に無関心であることを戒めるためだけではなく、個々の感情がそれぞれ希求するものを充足する意義を認識するためでもある。ここで評価とは二重の意味で用いている。ひとつは、ある現象、作用に対しある感情が発生するということは、その感情がどんなものかによって対象を直接判断し評価している。これを感情的評価と呼ぶならこの評価は、主体の欲求とかかわって評価する傾向があり、欲求の特徴を感情に重ね、独自の特徴を感情に反映させる性質を帯有している。

今ひとつは、この感情自体を対象化し検討しなければならないことがあり、あるでき事に主体がなぜそう感じたのか、評価し検討しなければならない、と意識するようになることが感情教育の目的となる。

知的教育活動とともに、子ども・青年、学習者の精神世界およびふるまいを変容する感情発生は感情教育の目的であり、これには連続的で多様な働きかけが要請される。また、発生する感情の内容・方向性が社会的媒介性を包摂しつつ社会的価値・意義とコミットする性質を帯有する必要がある。顕著なあるいは気づきにくい感情発生を自己認識し、その感情の意味を自他関係のなかで、社会生活のなかで把えなおすことで、人間本性としての感情がより深く理解され、その後の活動を変容させることになる。

Ⅱ　感情の理解および教育

感情は認識構造全体を変えてしまうこともあれば、認識と真逆の行動に人間を駆りたてることもある。ある人の理論、活動を高く評価していたはずだったのに、その評価が一気に強い非難に変容することがある。それは主体が当事者から人格、自尊心を傷つけられた場合と関係していることが多い。孤独、苦境、不幸な状況にある人によりそい、何とか力になりたい、という感情が滲むこともあれば、感情が人間を暴徒化させることもある。

こうして、感情は人間関係の親和と反逆に深く関与するだけでなく、政治の問題にも浸透する。忖度なども、他とともに自己を気遣うこととかかわり、ある種、感情に通じる性質をもつもので、「忖度政治」という表現さえ発生している。

ここでは、感情教育という視点から、感情というものが子ども・青年の人間的成長に寄与するためには、教師に生徒の感情を理解する必要が生まれる。それは、子ども・青年の感情領域に効果的に働きかけ、また彼ら彼女ら自身が豊かな感受性を創造していくために欠かせないことである。

教師は、対生徒関係で当惑・困難を惹起するでき事にひんぱんに遭遇し、対応に苦慮することがある。一例をあげてみよう。教室の窓ガラスが割られたことがあった。生徒会長をしている生徒が、職員室へやってきて自分を指さし、「わしがやったんよ」という。教師は、「え～え、またええ格好をして。自分だけ怒られようと思って」といったりして、友情を感じさせながら、和やかに事態が進む場合もある。しかし、いつもこうとは限らない。成績優秀で楽天的な女子生徒が、すっかり人が変わってしまったように、粗暴になり抑制できなくなるようなことがある。こうした変化の根源は奈辺に存在するのか。偶有的なものなのか、もっと深刻なものなのか、教師にはなかなか見当がつかない。

また、教授＝学習過程に対する生徒の無関心、注意散漫に直面することがある。教師は、授業の準備段階で深く感動し、生徒も同様に感じてくれるものと信じていたら、まったく冷淡な反応で肩透かしを食らった気分になることもある。

ここから、生徒の感情領域に効果的に働きかけるためには、生徒の感情生活を理解しなければならない、という課題が立ちあがる。「何よりもまず、子ども、ティーンエイジャ、若者の感情を適切に『読解』するという問題が発生する。この感情は、顔の表情、しぐさ、多様な行為、周囲との交流にさいしての行動性格に現れる。この課題はわれわれが望むほど容易には解決されない。[17]」

それは教育者の側の力量不足も考えられる。また、年少生徒では体感される感情は屈折することなく歴然と現れやすいが、思春期の生徒では、教師の処遇に対する不満も必ずしも直接的な形で現れるわけではなく、相手の優しさも恥ずかしさからカムフラージュしようとする場合もある。思春期では、生徒の関心は拡散し、その上、異性の問題が複雑にからんでいたりして、加齢とともに生徒には自分の感情表現を調整する能力が発達する。いいかえれば、実際に感じている感情と合致しない表現に遭遇するという事情が、生徒の感情理解を思いのほか困難にしている。ここで、注意したいことは、ヤコブソンが原語のロシア語では、「読書、読解」に当たる単語を用いていることである。ここには、それだけ注意を集中して対応する必要があるという願いが込められている。

「しかし、生徒の感情読解が、より深い性格を獲得することもある。うわべの感情反応の理解が、感情のこうした現れの原動力の理解へと転化する。これが新しくより高い感情読解段階である。ある感情、感情状態を導出する成長する人間人格の基盤開示は、生徒の感情生活を有意でより複雑な意味づけのコンテクストに組入れることと結合している。このことは、子ども、ティーンエイジャ、若者が周囲の人びと、全体として社会とともに存在するその結びつきの本質および性格の分析による生徒の感情生活への接近を前提としている。[18]」

家族の状況、またそこでの立場はどうなのか。学習状態、仲間関係はどうなのか、クラスにおける彼（女）の状況はどうなのか（重要な生徒として尊重されているのか、軽視されているのか等）。しかし、ただ客観的資料にだけ甘んじるのなら、生徒の感情生活およびその変容の性格を決定する基盤理解を単純化することになる。周囲との形成されたり交替する関係の性格それ自体が、成長する人間の感情生活の内容を十分開示することはない。問題は、生徒自身が、問題をどう主観的に把えているのか、つまり、関係をどう本質的に把えているのか（肯定的―否定的）、関係は彼（女）をどの程度満足させているのか、また関係をどれだけ、どのような方法で修正しようとしているのか、に存する。このことの注視が本質的である。というのも、生徒は事実に反して、自分の状態を現実より暗くあるいは楽天的に感受することがあり、このことが自己感情に作用するからである。[19]

かくて、感情読解過程は、生徒の人格全体を解明するための重要な手段であり、生徒の感情生活を包摂した各生徒への個性的接近によって、教育作用が及ぶ可能性は高まり、教育的対人関係は深化し、人格発達にとってその重要性を双方が認識するようになるであろう。

仲間に対し周囲に対し、生徒が感情的に適切に対応できるようにすること、無関心、冷淡ではなく、意欲的になれる教授＝学習過程にするには、生徒の人格の感情的側面の深い理解とそれにもとづくゆさぶりという感情性に配慮した指導が不可欠である。

Ⅲ　発問と矛盾・葛藤の発生

われわれは、子ども・青年がどんな人間としてどんな人格的基盤をもって成人していくのか考えるとき、感情的応答の調和的発達を包摂しつつ成長することを願うであろう。「自分の反応的達成への感情関係が前進への担保となり、その後の要求水準の正しい決定に肯定的に作用するようになる。しかし、彼（女）に発生した関係が現実に到達していること、将来実現することになる達成にとって不適切ということもありうる。その時、被制約性状態が発生する。

周囲の人びとが不十分にあるいは不当に評価している。自分の人格の多くの側面を理解していない、秘められた長所をみていない等、彼（女）には思える。しかしこのことによって、さまざまな形を受容できる内的葛藤発生の心理学的基盤が形成されることがある。[20]」

人格の調和的発達とは、成長する人間の感情世界が平穏に支配され、どんな葛藤も発生しないことを意味するのではない。たとえば、満足への志向と義務との葛藤、個人的愛着と社会的要求との葛藤、個人的好意と公正の感情との葛藤等。生徒の内面世界にどんな葛藤も発生せず、何の闘いも内部矛盾も発生せず、すべてが無難に経過するなら、これは大きな問題である。

子ども・青年の人格の社会的発達にとって必要な感情的成熟、感情的教養は、上記のような矛盾・葛藤を不可避的に包摂している。

授業というものは、たとえ教師がどんなに細かく正確な網を張り巡らそうとも、必ずそれを潜り抜ける子ども・青年の思考がある。この時にこそ教師の力量が問われるが、教師がどんなに慌てふためき失態を演じようとも、予定通りつつがなく進行する授業より優っている。[21]

教授＝学習過程における生徒と課題との相互関係に教師が関与することで、生徒にとっての課題の意味が変化することがある。つまり、当初、意味を持っていなかったものがその進行過程で生徒にとって重要な意味を持つようになることがある。このことは新たな理解、認識が新しい関心および感情を誘発するという認識と感情の相互浸透が見られる。[22]

さらには、「静中の動」や「動中の静」が生徒にとってのゆさぶりとなり、生徒の予想との「ずれ」がゆさぶり行動の本質だと吉田章宏氏はいう。[23]

このようにみてくるとき、予定調和的で順風満帆な授業はまったくつまらないものだと理解できる。被教育者の内面世界に異変が起き、ドラマが発生しなければならない。このための中核的役割を果たすのが発問である。

一定の答えを用意しながら、教授＝学習過程において発するのが発問であるが、発問は生徒が何かを理解しているかどうか確認するためだけに存在するのではない。発問は直接、生徒に向けて問うもので、既知と未知との間で提起され、思考・感情をゆさぶり、その内面、生徒集団に矛盾・対立を惹起し、学習課題を拡げ深めるものである。発問は、生徒の旧思考、旧感情とのぶつかりをもたらし、集団思考を介して新しい思考・感情を発生させるモメントであり、教師の創造的個性発揮の行為でもある。

優れた教材から自動的にすばらしい授業が生れてくるわけではなく、教材解釈は発問研究と一体のもので、生徒の内面に矛盾・葛藤が発生するような発問づくりにつなげなければならない。

吉本均氏は発問が無限定・無方向では生徒の思考が拡散してしまうので限定による指さし（限定発問）が重要だとし、たとえば、文芸作品では、登場人物の行動、動作、外形にたずさわるのか、それとも、それの気持、心情、内面をきくか、あるいは、それらに対する読み手（子どもたち）の感想、意見を求めるのか、その視点を明確に絞らなくてはならない、という。他にも類比による指さし（類比発問）として、AはBにもCにも似ているが、やはりA＝Aでしかないという場合や、否定による指さし（否定発問）として「まちがい」等を取りあげ、否定を介しての本質把握も必要だという。[24]

ただここで注意したいことは、発問と指名とは区別して考えなければならない、ということである。以前、ある語学学校の夏期講習に参加したことがあった。一〇人ほどのクラスで担当講師は最初の授業から順番に指名して発問に答えさせたのである。二回とも答えられなかったある女子学生は「気分が悪い」といって退室し二度とクラスに戻ってくることはなかった。この時、わたくしは非常に危険な方法だと強く印象づけられた。

年少生徒では体感される感情は比較的歴然と現れるかもしれないが、思春期では屈折し、また他者の自分に対する見方に鋭敏でもあり、うまく答えられないことは恥だと感じる生徒もいるのだ。したがって、指名して答えさせるかどうかは、教師も含めて学習集団の性質、関係様態を考慮して慎重に判断しなければならない。

けれども、生徒からの発言がなければ、生徒が何を理解し何を理解していないのか教師には不明であり、また一方通行的授業になりやすい懸念がある。以前、山住正巳氏の日本教育史の授業を聴講したことがあった。ある時、山住は地方教育行政の組織及び運営に関する法律（地教行法）、学テ、勤評闘争等をあげて古い順に並べなさい、という発問を出した。ところが、百人以上いる一般教養の授業で挙手をして答えるものはなかなかいなかった。その時、後にわたくしと親しく付き合うことになり、また父親による育児の問題でも注目された田尻研二氏が、「はい」といって挙手し、「よくわからないんですが」と前置きしてでたらめに答えたのだった。山住は「なるほどよくわかってない」といい、ドッと笑いが起きたが、その後、他の学生から発言がどんどん続いたのである。山住は「最初の人はまちがえてはいましたが、他の人の意見を誘いだす役割があったので」と評価した。実際、田尻の発言がなかったら、凡庸な授業になっていただろうし、田尻のふるまいこそが活気ある授業の創造に貢献した。

発問をだして一分間考えるよう提起したり、隣の人と相談することを促したりする。もし同じ考えだと意を強くして挙手するかもしれないし、これもひとつの方法だと思う。このことは、教授＝学習過程が双方の協力によって初めてフルートフルなものになることを証示している。被教育者の側の反応が起きる授業、発問に対し挙手して答えたくなる授業、被教育者から質問されるような授業が望まれる。このためには、教師もまた完璧であってはならない、とわたくしは個人的にそう思う。

結論

教材研究、教材解釈は、結局のところ、発問づくりと一体のものとして把える必要がある。発問、他の意見を介して、旧思考、旧感情との深刻な葛藤が発生し、旧評価との烈しい闘いという性格を帯有することが要請される。

感情の心理学的特性は、自らの理解、感情性に反するものに対する理解を深めるモメントとはなるが、人間による感情調整は思考過程の調整と深く連関しつつもそれと同一視することはできない。感情的に受容できないことは気になるしそちらに注意が向き、何かの思い違いだったりすれば感情も変容するが、思索的には相手のいうことに問題がなくても感情的にはそうでない場合がある。感情の保持・現出が必ずしも意識的努力に依存せず、非意図性によっても特徴づけられる限り、望む感情を無媒介的に直接体感することはできない。しかし同時に、社会的に必要な感情は、学習活動、生活実践のなかで合法則的に発生し相応の作用のもとでは感情も変容する。成長する人間の感情領域への作用の直線的方法は存在しないが、間接的方法は存在する。感情教育では、旧い感情に新しい感情を蓄積することではなく、旧い感情の変容とともに新しい感情の発生が、人格総体の反応として喚起されることが必要となる。

「生徒の人格の感情的側面への作用方法が問題になるとき、一般にわれわれの感情に固有な独自の心理学的質を考慮せざるをえない。感情は、目下起きている体感の性格について人間本人には予期せず発生することがあることを記憶しておかなければならない。こうした体感の突然の現出は、当人の過去経験における前提がなければ、発生することがないのは自明のことである。しかし、こうした感情が予測できないものとして体感されることは珍しくない。予測できない感情の現出が、しばしば、自分自身を認識する源泉となり、人格の新しい側面の露見となる。[25]」

感情は独自の歴史をもたない、と述べてきたが、それは知識蓄積のような形とは異なるし、感情はそれ自体では発生しないこととともかかわっている。しかし、過去の不快なでき事、つらいでき事が、その後の類するでき事にふれて同様の感情を発生させることはあるし、そういう意味では歴史性を帯有している。

感情現出の予測不可能性は、初体験と結合して人間に深い感銘を惹起することがあり、若者の最初の愛の体感、美的感嘆等はこうした感銘深き力と結合している。教育者の側からすれば、予期せず現出する生徒の素の感情のなかにこそ、その人格の本質を垣間見できることになり、貴重なものとしてしっかり了知しておく必要がある。

芸術は感情の学校である、とヤコブソンは何度も述べたが、それが視覚、聴覚、触覚等感覚器官に直接訴えるもので強烈な感情が発し易い事情は理解できる。けれどもわが国では、芸術の授業はきわめて限定的である。上述のように、教材解釈や発問づくり、いいかえれば、認識や思考活動と関係する授業が多いと考えられる。それにもかかわらず、教授＝学習過程が無聊を克服し深い感情が満身に充溢するには何が要請されるのか。パラドクシカルにきこえるかもしれないが、認識、思考活動とは一見無縁に思える服装を初めとし、表情、しぐさ、身ぶり、熱心さ、被教育者に対する配慮、人間関係づくり等、芸術に通底する諸要素が認識、思考活動と絡み合い深い相関関係にあることを認識の基盤としたい。

二度答えられなくてその場にとどまれないほどの苦痛を感じた女子学生もいれば、田尻のように、自らまちがいを公表しても何ら痛痒を感じない人もいて、まさに十人十色である。ただたんに四つの季節があるという場合、冠詞はつかない。It is wonderful that there are four seasons in Japan. ところが、それぞれの季節の個性、特徴が問題になる場合、それぞれの季節にも全体としての四季にも定冠詞が必要となる。Each of the four seasons offers something special. という例文がこのことを示している。被教育者それぞれの個性が教材、他者とぶつかり、矛盾と葛藤、ダイナミズムを包摂しつつも、ひとつの全体へと合体していく、ここにおいてこそ、教育者の教育力、人間的本質諸力が強く要請されている。

注

（1）С.Л.Рубинштейн, Человек и мир, М., Наука, 1997, С.50を参考にした。
（2）同上書、С.51を参考にした。
（3）П.М.Яковсон, Психология чувств, Издательство АПН РСФСР, 1956, С.176.（邦訳、松野豊他『感情の心理学』三一書房、一九五七年、二一二頁を参考にした。以下、邦訳書頁は括弧内に示す。）
（4）同上書、С.221（268）を参考にした。
（5）С.Л.Рубинштейн, Основы общей психологии, 2-ое изд., 1946, С.221.（邦訳、吉田章宏・松野豊他『一般心理学の基礎3』明治図書、一九八三年、二四七頁。）
（6）（3）に同じ。С.207（250）を参考にした。
（7）Б.И.Додонов, В мире эмоций, Политиздат Уклаины, 1987, С.52. を参考にした。
（8）同上書、С.49.
（9）Б.И.Додонов, Эмоция как ценность, Политиздат, 1978, С.7. を参考にした。
（10）（7）に同じ。С.49.
（11）ルナチャールスキー著、藤井一行編訳『芸術表現の自由と革命』大月書店、一九七五年、一〇〇頁。
（12）（3）に同じ。С.236（287～288）を参考にした。
（13）坂元忠芳『情動と感情の教育学』大月書店、二〇〇〇年、一七五頁。
（14）同上書、一四三頁。
（15）北田耕也『感情と教育』国土社、一九九二年、五〇頁を参考にした。
（16）（5）に同じ。С.499（303）を参考にした。
（17）П.М.Яковсон, Эмоции школьника, их распознавание и воспитание, «Народное образование» No.4, 1966, С.8.
（18）同上書、С.8～9.
（19）同上書、С.9を参考にした。
（20）同上書、С.10～11.
（21）武田常夫『文学の授業でなにを教えるか』明治図書、一九七〇年、二七～二八頁を参考にした。
（22）中村和夫『認識・感情・人格』三和書房、一九八三年、五四～五五頁を参考にした。
（23）吉田章宏『授業の心理学をめざして』国土社、一九七五年、五五～五六頁を参考にした。
（24）吉本均『発問と集団思考の理論』明治図書、一九七七年、九九～一〇〇頁を参考にした。
（25）（17）に同じ。С.12.

（おのたかのぶ・人格心理学／教育哲学）

研究ノート

ニコライ・ブハーリンの技術論

―一九三二年の著書『現代資本主義の技術と経済』から―

市川　浩

一　はじめに――ブハーリン批判の前提

一九二九年、全連邦共産党（ボリシェヴィキ）政治局員ニコライ・ブハーリン（一八八八～一九三八）はヨシフ・スターリン（一八七八～一九五三）と対立し、政治的に失脚した。その後、彼は政府機関紙『イズヴェスチヤ』の編集長を務めつつ、レニングラードにあった「知識史委員会」を一九三〇年一〇月三日付で引き継ぐ。さらに、この「知識史委員会」を基礎に、一九三二年三月、ソ連邦科学アカデミー・科学史＝技術史研究所が設立されると、ブハーリンはその所長となった。[1] ブハーリンは政治指導者ではなく、明敏な頭脳と該博な知識とを備えた一学究として、また辣腕のジャーナリストとして認められるようになる。ときあたかも、「機械論者」と「弁証法家（デボーリン派）」との間で激しく哲学論争が闘わされていた。この論争のなかで、ブハーリンの所説は、機械論的傾向をもつものとして、しばしば批判の対象となった。[2]

批判の対象となった彼の見解のなかには技術に関する議論もあった。一九六二年、「〔技術論〕論争じたいがもっている一面的な性格」を糺そうとした関恒義は、「唯物論研究会（一九三二年発足）が「ブハーリンいらいの機械論的技術観を打破することによってマルクス主義の正しい技術観を確立すること」を課題（のひとつ）としていたとした。関はブハーリンの技術観を「技術体系が人間関係を調和的に決定するといういたって機械論的な体系説」[3]と見る。

このような技術観の背後には、ブハーリン独特の弁証法理解、いわゆる〝均衡理論〟があるとされた(4)。〝均衡理論〟とは、金山浩司によれば、「自然現象から社会現象に至るまで、均衡状態の崩れを起点として何らかの変化が起こるという」理論であった。金山が指摘しているように、ブハーリンの所説は、すでに同時代のソ連において厳しい批判に晒されていたが(5)、わが国では、一九五八年に岩崎允胤が、「均衡は、弁証法的論理学のひとつのカテゴリーである」としつつも、ブハーリンの見解を、「対立物の統一の見地を均衡の見地と置き換え、事物の運動の原因をその外部に求め、結局、内と外との量的関係に帰着してしまう」ものとして斥け、弁証法における「運動」と対置した。

「均衡を自から定立し媒介し止揚するのが物質の運動の絶対性であり、これが本物の雑多と運動諸形態を生み出す弁証法である。：：均衡は絶対的な・運動に先行する自立的なものではなく、それを他者として定立してはたえず止揚する運動の特殊な片面であり、独自な表現形式である。／均衡は一定の必然性をもちながら、条件的、一時的、相対的なものであった。運動がこれを媒介することによって絶対的、必然的であるかぎり、均衡は偶然的な側面をもっている」(6)。

しかしながら、関、岩崎らが参照した文献は、一九二〇年代、彼の政治的失脚の前に現地ソ連で出版されたもので(7)、「機械論者」対「弁証法家」の哲学論争を経た彼の思索の発展を反映したものではない。まして一九二四年に亡くなったレーニンのブハーリン評価(8)には哲学論争以降のブハーリンの見解の変化が反映されるはずもなかった。日本にはついぞ紹介されなかったのであるが、彼は、わずか三六ページの小冊子ながら、一九三二年に『現代資本主義の技術と経済』と題する単著を出版しており(9)、そのなかでは、少なくとも文言の上では、〝均衡（Равновесие）〟の語を用いることなく、その限りで自説を撤回している。では、この段階でブハーリンはどのように弁証法を構想するにいたったのであろうか。ここでは、同書の焦点と言うべき技術の問題に関する彼の所説を紹介し、そのことを通じて、ソ連における〝官許マルクス主義〟が固定化される以前の多様な議論の一端に触れてみることとしたい。以下では煩瑣を避けるため、同書からの引用については、該当ページ番号を引用箇所の直後に示すことにする。

二　ブハーリンによる技術の定義

現代資本主義の技術と経済を論じるにあたって、ブハーリンは労働における具体的労働と抽象的人間労働との二重性から議論を展開してゆく。その際、興味深いのは、ブハーリンがこうした労働の二重性把握を商品生産者の社会以前にも適用できるとしていることであろう。ブハーリンは「あらゆる歴史的社会構成体における労働過程は、よく観察してみると、そのなかにそれぞれ内的に対立しつつ存在している二重の性格を見せている」との一文でこの書をはじめている（二ページ）。彼は、「資本主義社会における具体的労働と抽象的労働の矛盾は、生産力と生産関係との矛盾、技術の動きと経済成長との間の矛盾、労働過程の内容とその社会的形式との間の矛盾と結びついている。それゆえ、そこには、〝飛躍〟、つまり、古い労働の社会的形態を破壊し、新しいそれの形成に導くような矛盾の高まりをもたらす、特定の歴史的条件においては避けることができないコンフリクトが生じる可能性がある」（八ページ）と、労働の二重性を出発点とする弁証法を構想している。

同書で主要な検討対象となる技術についても、ブハーリンは同様に労働の二重性からアプローチしてゆく。「具体的な労働は、自然との物質交換として、客観的な自然の法則、その性格、因果性、作用の連関、素材、労働用具などに応じて固有の法則性をもつのである。なぜなら、労働は生産の社会的過程の契機を構成し、その法則性は社会発展の基本的な法則性に従属しているからである」（五ページ）。〝自然の法則〟、具体的労働の〝固有の法則性〟など、ここで重視されている〝法則〟、ないし〝法則性〟を機軸としながら、ブハーリンは次のように技術を把握する。

「以下を技術に含めて理解することができる。①生産の技術的側面、つまり、その特有の連関における技術的諸作用の総体、②労働用具の体系とそれに照応した生産過程におけるひとびとの配置、③労働用具の体系そのもの（「筋骨系、脈管系生産体系」）、④自然科学に依拠した規範の体系（技術的過程の理論的側面、あるいはテヒノロギー）。ここでの対象は技術学的過程、何よりも労働用具の機能である」（五ページ）。

「社会的生産における労働手段の体系」を以て技術の定義とするのが、ソヴィエト技術史における〝正統的な〟技術観であるが、[10]ここではこの定義はひとつのモメントの位置におとされている。ブハーリンはこの「労働用具の体系」という技術の第三の定義をそれ自身では「不完全で、一面的で狭い」(五ページ)と排斥する。一方、第四の定義については「テヒノロギーはわれわれの分析の対象外にある」(五ページ)としてそれ以上の考察は与えていない。[11]

三　資本主義における技術進歩をもたらす諸矛盾

ブハーリンは資本主義の基本的矛盾[12]を次のようにとらえる。

「資本主義の基本的な矛盾は、生産力の高まりと社会の階級的構成の間の矛盾、生産の社会的性格と獲得の私的性格との矛盾、際限のない生産への衝動と大量消費の制限への傾向との間の矛盾、生産過程の物質的〝内容〟とその歴史的〝形態〟との間の矛盾である」(九ページ)。

その上で、資本主義社会において技術進歩に結果する諸矛盾を、〝技術的契機〟に関わるものと技術と労働との関係に関わるもののふたつのカテゴリーに大別し、まず前者として次の五点を〝例示〟とともに挙げる。①「労働用具と労働対象との間の矛盾」。具体例として挙げられているのは、ホイットニーによる綿繰機の発明以前の手工業的用具には綿花との〝相性〟があり、アメリカ産の緑色種子綿花は「比較的単純なやり方で綿繰りできる黒色種子綿花に太刀打ちできなかった」(一二ページ)という事例である。②「機械とその生産に用いる素材との間の矛盾」。ここでは、この矛盾の例として、工場動力としての蒸気機関の開発・普及が機械の素材を、それまで多用されていた木材から錬鉄に替えていったことなどが挙げられている。③「機械の諸部分間の矛盾」。ジェニー紡績機は、登場したばかりのときは、動力を人力に依存していたが、作業機の機構と人力の間には矛盾があり、「この矛盾は蒸気機関の発明によって〝除去された〟」(一三ページ)ことが例として挙げられている。④「設計された機械とそれを生産する所与の技術的可能性との間の矛盾」。ワット機関が登場した(ブハーリンは一七六五年としている)当初、板状の鉄材から鍛造で造られたシリンダーから蒸気が漏れる事態がたびたび起こった。「一七七六年、ウィルキンソンは穿孔のための特殊な機械の発明に成功し、その助けで一八インチ・

シリンダーの鋳造に成功した」（一四ページ）ことがこの矛盾の止揚とされている。⑤「個々の生産部門間の技術的基礎の矛盾」。紡績の機械化の進展に伴い、織布の速度向上が求められ、カートライトによる蒸気機関で動く織機の誕生につながったこと、さらに、紡績・織布の機械化が「漂白、捺染、染料工業の技術的基礎と矛盾するようになった」（一四ページ）ことがこの例として挙げられている。

技術進歩をもたらす矛盾の、第二のカテゴリーは、技術と労働との間の諸矛盾である。それは「一方における生産力の物的要素の発達、物質に反映された技術学的過程と、他方における労働力とその技術的組織との間の矛盾である」（一五ページ）。

このカテゴリーには、①「技術と労働力の熟練度との間の矛盾」（一五ページ）、②「所与の生産単位内部における技術と技術的分業との間の矛盾」、③「技術と企業規模との間の矛盾」（一六ページ）の三つの矛盾が含まれる。

そして、結論的に、これら諸矛盾が総体として「資本主義社会の生産力発展の客観的な過程において、相互に絡み合い、結果として資本主義発展の歪みを増大させる」（一七ページ）としている。

四　独占資本主義における技術進歩

ブハーリンは当該著書のほぼ半分を独占資本主義下の技術進歩の諸問題に割いている。「経済的諸関係は独占資本主義の時代には、新しい質を帯びて登場する」（三〇ページ）。ブハーリンによれば、独占資本主義の基本的な矛盾は次のようになる。

「独占資本主義のもとでは、①新しい特別利潤をえる刺激は低下する。というのは、独占はすでに一定の超過利潤を確保しており、強力な競争相手もいないからである。②大規模な革新は現存の資本量の確保を前提とする。③技術的に遅れた生産経営体は先進的なものに追い付かない。なぜなら、商業の視点から見れば、これらの経営体は個人の所有ではないからである。それらの〝所有者〟はそれら（企業）が〝働いた〟かどうかに関わりなく、配当をえている。…④資本家の独占的結合において遅れた（遊休している）生産経営体の存在は、ほかの生産経営体で現実に生産された商品の価格における費用要素を構成するかたちで緩衝帯として現れる」（三二ページ）。

そして、「新しい企業を設立することがきわめて困難であることは指摘しておく必要がある」（同ページ）と附言する。総じて、ここでは独占の停滞性、腐朽性が強調されている。ここからブハーリンは、「これらの矛盾は、…同じ大きさというわけではまったくないが、ふたつの重要この上ない結果をもたらす。（1）それらは独占資本主義の腐敗現象を呼び起こす。（2）それらは矛盾の強まりが破局を呼ぶまでに拡大する」（三一ページ）との結論を導く。「資本主義の死滅は自動的な自滅ではない」（三六ページ）とは言いつつも、後者についてはさらに、「死滅しつつある資本主義としての独占資本主義は、崩壊に、（プロレタリア革命を経て）壊滅に向かって、克服出来ない一連の傾向を生み出す」[13]（三四ページ）としている。

しかし、こうして独占資本主義を〝死滅しつつある資本主義〟、社会主義への移行期として把握する一方で、ブハーリンは独占資本主義下における技術発展を、来るべき資本主義後の社会を導くものとして積極的に評価する。

ブハーリンの独占期技術発展の特徴付けは、やはり、ここでも経験的である。電化をはじめとする独占期の技術発展の諸事例を跡づけ、彼はその傾向を「電化を基礎とする普遍的な技術的結合（コンビネーション）を意味していることは容易にわかる」（一九ページ）と総括する。また、「生産過程そのものにおける電力利用とともに、さまざまな経営を直接的な物質的・技術的連携で結びつける〝原理〟も登場し」（一八ページ）、「独占資本主義の時代における技術発展の基本的な傾向は、電化を基礎とする技術的結合」（三〇ページ）を生んだとする。

これに〝化学化〟、〝生産の機械化・自動化〟が加わる。

「ますます進化している生産の化学化過程がここできわめて重要な役割を演じている（一九ページ）…巨大な飛躍を遂げた生産の機械化、自動化は、まさに高度に技術的結合への傾向を強めた」（二〇、二一ページ）。

そして、「連続ラインとコンベヤーの導入は労働の集約性を信じがたいほど高めた。…他方、生産の電化と複雑な自動機械の制御は技術に関する教養をもった労働力を要求」（二二ページ）し、総じて、「上述のような、独占資本主義の技術的基盤の発達は、（a）ますます進む科学の応用と、それとともに、(b)生産、労働、管理と指導の組織における変化を前提している」(二三ページ)。

輝かしい独占期技術発展が、〝技術的結合〟の傾向をもつがゆえに、資本主義の〝死滅〟をも必然とすると述べることによって、ブハーリンは先述の独占資本主義の停滞性・腐朽性の議論との平仄を合わせようとしている。

「この傾向の発展は、資本主義的な所有関係とは照応しない。独占資本主義は遅れた技術形態を保守して、その発展にブレーキをかける。それゆえ、基本的な傾向のさらなる展開は、資本主義の枠を超えることになる」(二五ページ)。

また、こうも言う。

「電化を基礎に普遍的な技術的結合に向かう技術発達は、資本の個人所有の境界にぶち当たる。電力は、その発展が『ブルジョワジーの指導と照応しなくなる』生産力として現れる」(三五、三六ページ)。

五　むすびにかえて

本稿では、ブハーリンが、その政治的失脚、および「機械論者」対「弁証法家」間の哲学論争のあとに執筆した小冊子『現代資本主義の技術と経済』を取り上げて、その種々の論点を紹介した。まず、確認できるのは、彼がここで(少なくとも文言上は)〝均衡理論〟から訣別していることであろう。哲学論争のなかで、正確な位置づけとは決していえないものの、ブハーリンも「機械論者」のひとりとして批判されたが、その際、批判の対象になっていた〝ブハーリン理論〟は数年前の彼の主張であり、その間の彼の思想的発展は無視されていた。

われわれは、ブハーリンの、これまで取り上げられることがほぼなかった一九三二年の著書から、彼がその時点で到達していた技術観、また、それを通じてその弁証法の特徴を垣間見ることができた。そこには、〝官許哲学〟としてできあがってしまったソヴィエト・マルクス主義における技術観とは違った、ユニークな議論が多数見受けられた。また、資本主義下での技術進歩のいくつもの筋道や独占資本主義の停滞性・腐朽性など、それなりに説得力を感じさせる論理展開も見られた。

しかし、技術進歩のすじみちに沿った分析ではなく、技術史上のあれこれの事例をパッチワークのように並べ、それらから経験的（帰納法的）に発展の類型を分類し、そこに〝弁証法〟を〝接ぎ木〟しているような印象は拭えない。また、多くのページを割いた独占資本主義下の技術発展については、諸事例をある意味で単純化しつつ総括し、人為的にたったひとつの傾向に収斂させようとしているようにも見える。

総じて、ブハーリンの技術論の内容は充分説得的に思えるほどの成熟ぶりを見せてはいない。しかしながら、ブハーリンにはさらなる思想的〝成熟〟を遂げる時間は残されていなかった。科学史＝技術史研究所所長職はブハーリンの〝送労官〟となるはずであった。しかし、「大テロル」の疾風怒濤のなかで、ブハーリンは一九三七年二月二七日に逮捕され、一九三八年三月一五日に銃殺された。[14]

注

（1）この経緯、および、科学史＝技術史研究所が辿った運命については、市川浩「ソ連邦科学アカデミー・科学史＝技術史研究所（一九三二〜一九三八年）―技術史分野を中心に―」（広島大学大学院総合科学研究科『社会文化論集』第一六号、二〇二〇年三月、一〜三一ページ）参照のこと。

（2）「機械論者」対「弁証法家（デボーリン派）」の間の哲学論争については、簡潔ながら、ルネ・ザパタ著／原田佳彦訳『ロシア・ソヴィエト哲学史』（白水社、一九九七年、一一七〜一二〇ページ）や藤岡毅『ルィセンコ主義はなぜ出現したか―生物学弁証法化の成果と課題―』（学術出版会、二〇一〇年、四九〜五一ページ）がすぐれたまとめとなっている。なお、この論争の主人公のひとり、アブラム・デボーリンについては、セルゲイ・コルサコフ著／市川浩訳「アブラム・モイセーヴィチ・デボーリン―再評価のための伝記的考察―」（中部大学『アリーナ』第二二号、二〇一九年、二〇〇〜二二〇ページ）を参照のこと。なお、ブハーリンの政治的事跡を追ったロシア現代史研究者、スティーヴン・コーエン（一九三八〜二〇二〇）は、ブハーリンの思想を「心理、イデオロギー、道徳、習慣等の大いなる重要性を認めた」「多元的アプローチ」をもつものとして積極的に評価し、その機械論的傾向も、弁証法（スターリンやデボーリンらの）の「目的論的風味」を厭った、主体的な選択の結果とみなしている（スティーヴン・コーエン／塩川伸明訳『ブハーリンとボリシェヴィキ革命―政治的伝記、一八八八〜一九三八年―』未來社、一九七九年。引用は同書一四八、一五二ページ）。

（3）関恒義「〝技術論〟をめぐる若干の問題」『一橋論叢』第四七巻第一号（一九六二年一月）、三三、三四ページ。なお、関が想定する唯物論研究会の第二の課題とは、ナチス的技術観との対決であった。

（4）ソ連の〝正統派技術史学〟の形成に決定的ともいえる影響力のあったアナトーリー・ズヴォルィキン（一九〇一〜一九八八年）、セルゲイ・イヴァニツキー（一八八八〜一九四二）やニコライ・ヴォルコフ（一九〇七〜？）など一九三〇年代はじめに技術系高等教育機関において〝マルクス主義的技術史〟の教壇に立った論者たちはこうした理解のもとにブハーリンの技術観を厳しく批判していた。これについては、市川浩「一九三〇年代前半ソヴィエト工業教育における〝マルクス主義的技術史〟の探究―ニコライ・ヴォルコフを中心に―」（同人誌『イル・サジアトーレ』第四八号、二〇二一年、一〜一七ページ）を参照のこと。

（5）金山浩司『神なき国の科学思想』東海大学出版会、二〇一八年、六七、六八ページ（引用は六七ページ）。

（6）岩崎允胤「均衡論について」日本哲学会『哲学』一九五八年第八号、六七〜六八ページ（この文章に先行する引用はそれぞれこの論文の六九ページと六一ページから）。なお、関などと違う立場に立ち、技術の本質を〝客観的法則性の意識的適用〟とみる、いわゆる〝適用説〟論者の近藤完一も、一九五七年に、ブハーリン的〝均衡論〟を「事物の発展をその矛盾と統一においてみることなく、量的バランスの問題として、常にその均衡を破るものを外力に期待する」（武谷三男編著『自然科学概論』第二巻、勁草書房、一九六〇年、二〇四ページ）ものとみている。

（7）関が検討の対象としているのは、ブハーリンの一九二一年の著書、『史的唯物論の理論』（*Н.Бухарин*, «Теория исторического материализма». 楢崎輝が一九二七年に邦訳したものを掲げている）であり、岩崎も、おそらく原著は同じものを対象としているのであろう（岩崎は原著の名をドイツ語で掲げ、広島定吉の手による邦訳を挙げている）。

（8）「彼の理論的見解を完全にマルクス主義的とみなすことには、非常に大きな疑問をいだかないわけにはいかない。というのは、彼にはスコラ学風のところがあるからである（彼はけっして弁証法を学ばなかったし、けっして十分にそれを理解しなかったと私は思う）」（ヴェ・イー・レーニン／邦訳「大会への手紙」、『レーニン全集』第三六巻、大月書店、一九六〇年、七〇四ページ）。なお、レーニンのブハーリン評価については、服部文男「レーニンのブハーリン批判―帝国主義の理論的把握を中心として―」（新日本出版社『経済』一九七〇年四月特大号、二〇九〜二一八ページ）を参照のこと。

（9）*Н.И. Бухарин*, «Техника и экономика современного капитализма». Ленинград: Изд-во АН СССР, 1932г.

(10) ズヴォルィキンは、「技術を社会的生産体系における労働手段とするマルクス主義的な定義は、技術を労働手段（技術の主要な内容を構成しているとはいえ、それに限られるわけではない）、生産手段、テクノロジー、生産力などとする類似した定義とは鮮やかな一線を画し、学術領域としての技術史の対象に関する問題に明瞭さをもたらす」（アナートリー・ズヴォルィキン「技術史の若干の諸問題について」『哲学の諸問題』一九五三年第六号〔露文〕、三四ページ）と述べている。言うまでもなく、この定義がソヴィエト技術史学のおおよその基本的な理解となった。

(11) このような技術の定義が、技術を「人間の自然にたいする能動的な態度」と定義する〝ブハーリン派〟の論客、ハイム・ガルベル（一九〇三～一九三七年）などにどのような影響を与えたかについては今後の課題としたい（市川浩「ハイム・ガルベルの技術論―消された、もうひとつのマルクス主義技術論―」、日本科学史学会『科学史研究』第Ⅲ期第五九巻二九五号、二〇二〇年一〇月、一九九～二一三ページ、参照のこと）。また、ここで興味深いのは、ブハーリンが技術の諸契機と〝それそのものの大きさ（натуральные величины）〟との関わりを論じていることであろう。本書では充分展開されてはいないが、「あるタイプの技術の諸指標はそれ自体の指標であり、機械、および複合機械の有益な作動の効率や化学反応の速度、タービン出力の指標、燃料利用レベルの指標も同様である」（五～六ページ）と指摘することで、彼は、技術進歩の数値化、それによる経済指標への、したがって経済分析への組み込みを展望していたのであろう。

(12) この場合、ブハーリンは〝矛盾〟の表示器として、〝経済指標〟を挙げている。「経済指標、それは特別に社会的な性格の諸指標である。それらは、自然経済における、商品社会における、個別性を超えた社会的労働、つまり抽象的労働に関係している。それらは社会的生産関係を反映している」（六ページ）。

(13) ブハーリンはこの文に続けて、「世界大戦は、資本主義の技術のすべてをそのまま〝誤導〟し、巨大な生産力を破壊し、資本主義の社会階級的基礎を壊滅させ（一連の革命）、プロレタリア独裁をもたらしたロシアにおける巨大な革命を引き起こした」（三四ページ）と述べている。

(14) ロシア語版 *Wikipedia* （https://ru.wikipedia.org/wiki/）ブハーリン項（二〇一九年一一月二八日閲覧）。

【附記】 本稿は二〇一九～二〇二一年度日本学術振興会科学研究費補助金［基盤研究C］「マルクス主義技術論の源流―ハイム・ガルベル（一九〇三～一九三六年）とその周辺―」による研究成果の一部である。

（いちかわ ひろし・広島大学・科学技術史）

追悼

益川敏英さんの逝去を悼む

菅野礼司

益川敏英さんが七月二三日に逝去された。享年八一歳。まだご活躍を期していたのに残念です。哀悼の意を表し、ご冥福を祈ります。

益川さんは、名古屋大学理学研究科を卒業後、京都大学の助手になりました。学生時代から彼のユニークな発想は注目されていました。その期待に応えて、多くの業績を上げ、それにより若くして京都大学基礎物理研究所の教授になりました。

一九七三年に小林誠さんと共に、素粒子崩壊における「CP対称性の破れ」を説明する理論、いわゆる「小林・益川理論」を Progress of Theoretical Physics に発表しました。当時はまだ、基本粒子クォークは三種しか発見されていませんでしたが、CP対称性の破れには少なくとも六種のクォークが必要であることを示し、新たに三種のクォークの存在を予言しました。その予言通り三種のクォークが発見され、その理論も実証されました。「CP対称性の破れ」は粒子の世界と反粒子の世界の現象は同じではなく、少しずれていることを示す理論であり、宇宙誕生の理論ともかかわるものです。それを理論的に裏付けたことに大きな意義があります。

この業績により二〇〇八年度ノーベル物理学賞を受賞しました。さらに、この賞の前後に、仁科記念賞、学士院賞、朝日新聞の科学賞などを受賞しています。

定年退官後は、京都産業大学の教授に迎えられ、ノーベル賞受賞を機に設置された「益川塾」の塾頭として，研究と若手研究者育成に尽力されました。

益川さんは物理学以外の分野、科学者の社会的責任を強く意識して活動されました。特に平和運動にも積極的に発言してきました。この関西唯物論研究会の発足当初からの会員としても活動されてきました。彼の信念は固く、思ったことを歯に衣着せぬ発言は周知のことでした。

ノーベル賞の受賞式の講演で、専門の物理学を超えて、平和問題に言及したことは有名です。それほど平和を求める意思が強かったわけです。

近年の日本は右傾化が進んでいます。政府が日本学術会議の六名の会員の承認を拒否したのもその一端ですが、益川さんはそれに強く抗議してきました。

このような時期に、その早逝が惜しまれます。

二〇二一年八月

資料

『唯物論と現代』に掲載された益川敏英さんの発言と、二〇〇八年度ノーベル物理学賞についての紹介は、次のとおりです。（編集部）

『唯物論と現代』創刊号（一九八八年六月）
シンポジウム「唯物論の現代的意義とはなにか」
鰺坂　真「唯物論の現代的意義」
益川敏英「関西唯物論研究会に望むもの」
真田　是「社会科学者の立場から」

『唯物論と現代』第四三号（二〇〇九年一一月）
ノーベル物理学賞受賞記念シンポジウム
—素粒子論と唯物弁証法—
菅野礼司「宇宙の仕組みと対称性の破れ
—「対称性の破れ」の認識論的意義—」
沢田昭二「坂田昌一研究室と素粒子論研究」

【書評】

河野勝彦著

『実在論の新展開——ポストモダニズムの終焉』

（文理閣、二〇二二年、本体二七〇〇円）

伊勢俊彦

「実在論」が、哲学・現代思想界でにわかにファッショナブルになっている。本書が取り上げるカンタン・メイヤスー、ロイ・バスカー、マルクス・ガブリエルといった人たちのうち、多くの人が一人や二人は名前を耳にしたことがあるだろうし、マルクス・ガブリエルなどはテレビで見たという人も多いだろう。

ところで実在論とはなんだろうか。実は、何が実在すると主張するかによって、さまざまな実在論がある。もっとも古くから実在論の名で呼ばれてきたのは、個別的なものと対比される普遍的なものの実在を主張するプラトニズムであり、現代では、道徳的な性質の実在を主張する道徳的実在論をめぐる議論も盛んである。しかし、多くの読者が予期されると思うのだが、その通りに、本書が主題にするのは人間の意識から独立した物質についての実在論である。

そして、この意味での最近の実在論をめぐる議論の中で本書が最も重視し、全九章のうち四章をあてて論じているのは、カンタン・メイヤスーである。しかし、メイヤスーは、自分の立場を実在論と呼ぶことを好まず、唯物論という名の方を選び、「思弁的唯物論」を標榜している。「実在論」がなぜまずいのかというと、「実在論」というだけでは、物質以外のものの実在を主張する立場のことでもありうるからだ。たとえば、『唯物論と経験批判論』でレーニンがやり玉にあげたバークリは、樹木やリンゴなど、人間が知覚する日常の対象の実在を主張するという意味で実在論者である。しかし、バークリにとっては、そのような日常の事物は、心の中の観念であって、ロックなどが観念の背後に想定する物質の存在を、バークリは断固として否定するのである。

メイヤスーの議論は、本書に登場する五人の哲学者のなかで、もっとも魅力的であり、多くの議論を巻き起こしている。しかし同時にそれは、本書が取り上げる哲学者の議論のうちで最も難解である。本書は、メイヤスーの議論を細部までたどり、意義と問題点を明らかにしている。

そもそも思弁的唯物論とは何か。メイヤスーの言う思弁的なものとは「絶対的なもの一般に接近することを主張する思惟全体」である。メイヤスーにとって絶対的なものとは、すべての存在者は実在しないことができるということ、つまり必然的に存在する存在者はないということである。必然的に存在する存在者とは、たとえばデカルトにおける神のようなものである。このような必然的・絶対的な存在者を見出そうとする思惟は、「思弁的」と対比して「形而上学的」と呼ばれる。すべての存在者が偶然的であることが必然的であることによって、西洋の近現代哲学を総括する立場である相関主義の唱える、相関の循環の外に出ることが可能になる。

相関主義は、思惟から独立したものの存在を否定する。あるものが存在すると言えるのは、人間が、それが存在すると考えるからである。思惟と独立した存在を考えようとしても、当然ながら、それは人間の思惟なしに考えることができない。このように、思惟と存在の循環から外に出ることができないのが、相関の循環である。これに対して、偶然性の必然性は、人間がそれを考えようが考えまいがそうであり続けるそれ自体であり、相関の循環の外にある。それは、西洋の近現代哲学を支配してきた相関主義の唱える相関の循環の外に出ることを可能にする。こうして、人間の思惟から独立したものが存在することが示される。人間の思惟から独立したものとは、たとえば人類の出現以前の、また地球上の生命以前の出来事であり、メイヤスーはこれを「祖先以前的」な出来事と呼ぶ。祖先以前的な出来事の存在は、科学の示すところであり、こうして、科学の諸命題が真であることが明らかになる。

本書は、メイヤスーの議論について以上にまとめたような精緻な紹介を行なっているが、その反面、メイヤスーに対する批判的な議論を展開してもいる。メイヤスーに対する著者の批判は、もっぱら因果的な作用、因果的な力の実在をめぐるものである。著者によれば、「思弁的唯物論」を唱えるのであれば、物体間に因果的な作用、因果的な力が働いていることを認めなければならない。また、実在論の立場とは、単に「意識から独立した存在を認める立場」ということでは、十全な定義ではなく、それは実在論であるための必要条件でしかない。しかし、意識から独立した存在についての実在論と因果性についての実在論との間には論理的に必然的な関係はない上に、因果的必然性を認めることは、メイヤスーの立論を根底から覆すことになるのだから、フェアな批判ではないように思われる。著者は、唯物論・実在論とはかくあるべしという自分の主張を前提に、こうした批判を行うのだが、その主張自体の十分な論証が欠けているのではないだろうか。

本書の副題が「ポストモダニズムの終焉」であるように、著者は、ポストモダニズムに代わって新しい実在論が登場したことを、現代思想の潮流の新しい変化と見ている。ポストモダニズムを批判する実在論者として紹介されているのは、マウリツィオ・フェラーリスである。フェラーリスは、主著の邦訳もまだなく、日本にあまり紹介されていない論者であるので、フェラーリスについての本書の論述は貴重なものと言える。

本書でのメイヤスーの議論の紹介や批判では、近代を代表する形而上学者であるデカルトがしばしば言及されている。これはデカルト研究から出発した著者ならではのことであろう。一見いくつもの難解なモチーフがバラバラに出てくるように見えるメイヤスーの議論を、著者はデカルトとの対比をつうじて非常にわかりやすく提示している。

すでに述べたように、メイヤスーは自分の立場を実在論とは呼ばず、唯物論を標榜しているわけだが、本書に登場する「実在論者」たちの間でも、何があるのかについての主張はさまざまに異なっている。マルクス・ガブリエルによれば、社会的な存在であるドイツ連邦共和国も、未来も、数も、夢も、単に想像されているものも存在している。そしてガブリエルは、心の存在を認めない科学主義的なものであるとして、唯物論に反対している。このことから見ても、著者が想定するようなあるべき実在論の本質のようなものを認めることは困難であると思われる。本書は、こうしたさまざまな「実在論」の見取り図を描く試みとして貴重である。

なお、本書ではロイ・バスカーの実在論を「超越論的実在論」として紹介しているが、バスカーについては、佐藤春吉によって「批判的実在論」の提唱者という紹介がなされているので、「超越論的実在論」と「批判的実在論」の関係についての説明があると、さらに分かりやすかったのではないだろうか。

（いせとしひこ・立命館大学・哲学）

【書評】

田辺勝義著

『市民参加の平和都市づくり』

（本の泉社、二〇二〇年、本体一二〇〇円）

牧野広義

著者の田辺勝義氏は、大学の学部および大学院修士課程でデカルトを中心に哲学を研究し、その後、高校教師を勤めながら、地元の川崎市で市民運動に取り組んできた。その運動は、平和運動、環境保存運動、脱原発と太陽光発電所設置運動などである。本書は、その長年にわたる経験をコンパクトにまとめたものである。また本書の付録には、哲学研究者らしい視点から放射能汚染問題を考える論考が収録されている。

第1章「〝平和をきずく市民のつどい〟三六年――川崎市の平和都市づくりを顧みる」では、戦前・戦中の軍需工場都市を長年の運動によって「平和都市」に変えてきた運動がまとめられている。川崎市は、戦前には東京航空計器などの軍需工場が次々につくられた。戦争中は、臨海部の工業地帯とともに内陸部の工場地域にも、米軍による空襲が行われた。戦後は、中原区の東京航空計器の工場は米軍によって接収されて、米陸軍出版総局がおかれた。ここでは、米軍の機関誌だけでなく、朝鮮戦争やベトナム戦争時には偽札や宣伝・謀略ビラも印刷されたという。しかし一九六〇年代には全国で米軍基地返還運動が高まり、川崎市でも米軍跡地を「平和公園」にしようという運動が高まった。これに七〇年代の高校増設運動も加わって、一九八〇年に住吉高校が建設され、一九八三年には「平和の母子像」や野外音楽堂もそなえた「中原平和公園」が実現した。この運動は、川崎市の「平和都市宣言」（一九八二年）にも結びついた。さらに「平和館」建設運動に発展し、一九九〇年の「平和館条例」に基づいて、九二年に「平和館」が完成した。その運営委員会には市民代表が参加している。そして二〇二〇年には「平和館展示検討委員会」に「平和館」設置の趣旨を風化させない取り組みも行われている。

この運動は、住民の要求や市民の運動によって行政と議会を動かして、軍需都市をみごとに「平和都市」に変えたものである。市民の「平和のつどい」の中では、憲法学者らの講演や多彩な文化活動を行いながら、戦争を知る老人も、戦争を知らない若者も子ども含めた運動に発展してきた。著者による紹介は、今日、侵略戦争の歴史を否定する動きも強まる中で、二一世紀の平和運動の参考にもなるものである。

第2章「街中の樹林地保全の試み」は、川崎市の井田山の斜面緑地の自然環境保全運動の紹介である。この運動は一九八〇年代に、都市開発の中で里山の景観が失われることに危機感をもった住民が「井田山の緑を守る会」を結成して、川崎市に対して斜面緑地を市が購入して保全することを要求したことから始まる。この地域は病院や養護施設も隣接し、地域の防災上も重要であることから、一九九六年に市の買収が実現し、その後「井田山緑地保全地区」に指定された。そして「市民健康の森」として、市民参加の環境保全の活動と自然を楽しむさまざまなイベントが行われている。この運動もまた、「緑を守る」運動から出発しながら、市の都市計画に環境保全を位置づける請願運動と、自然環境保護の学習を結びつけた運動の成果であることが、著者の紹介でよく分かる。

第3章「どうすれば街中の水辺は甦るか――川崎市・江川の取り組み」は、桜並木とせせらぎを復活させた運動の紹介である。江川の堤はもともとは「桜の名所」であった。しかし一九七〇年代に洪水対策のために箱形のコンクリートの河川にされ、桜並木は伐採された。それでも洪水は頻発した。そのため八〇年代に川崎市が、巨大な雨水貯留管を埋設し、その上部に緑道をつくり、高度処理水を「せせらぎ」として流す計画を立てた。これに呼応して、住民は「江川の会」を結成して、水と緑を復活させる運動に取り組んだ。二〇〇三年には「せせらぎ緑道」が完成し、豊かな自然が復活するとともに、地域の文化活動も活性化した。これらは、洪水対策・自然環境の復活・地域づくりを融合させたみごとな取り組みである。

第4章「共同発電・おひさまフェスタに集う若者たち」は、太陽光発電設置の市民運動の紹介である。二〇一一年の福島第一原発での過酷事故の後、川崎市でも脱原発の運動が高まった。その一つは「原発ゼロへのカウントダウンinかわさき」のデモなどの運動である。もう一つは「原発ゼロ市民共同かわさき発電所」を設置する運動である。両者の運動が「車の両輪」として進み、これに多くの若者が参加した。共同発電所はＮＰＯ法人として出発し、二〇一五年二月に一号機の通電式が行われた。また環境運動のさまざまな集会や学習会にも参加しながら、「おひさまフェスタ」を成功させた。ここでは若者が中心になりながら、経験豊かな中年の人々との協働もあって、二〇〇〇人以上が参加した。この運動は、共同発電所二号機・三号機・四号機の設置を実現させ、さらに「川崎市再生可能エネルギー促進条例」の制定を求める運動へと発展している。著者の説明は写真なども掲載されて分かりやすい。

付録の「原爆症認定集団訴訟から福島の放射能汚染を考える――健康被害の〝放射線起因性〟の証明方法」は、著者が『季論21』に発表した論文である。放射線による健康被害については、国内および国際的な「原子力ムラ」の専門家と、被曝者の立場に立つ研究者との間で対立がある。前者は広島・長崎における残留放射能の影響を否定し、後者は実証的な研究によってガンとの関係を明らかにした。また福島では、前者は被曝と小児甲状腺ガンとの関係を否定し、後者は放射線の影響を明らかにした。チェルノブイリでも、前者は低線量被曝の影響を否定したが、後者は低線量放射性物質が土壌から生物を経て人体に蓄積されて健康被害を起こすことを明らかにした。さらに、近年では放射線によるＤＮＡへのダメージが研究され、放射線によるガンの誘起が解明されている。著者は、これらの事例をあげて、現象から本質にせまる科学的認識の意義を論じ、放射線と人体との相互作用や因果関係をとらえない実証主義や相対主義を批判している。

「原子力ムラ」の専門家のドグマを打ち破るためには、被曝者に寄り添う研究者と市民の共同の運動が不可欠である。そのさい、著者のような知識人が科学的研究の成果を分かりやすく論じて、市民に普及することの意義は大きいと言える。

以上のように、本書は、平和問題や環境問題にとりくむ市民運動の経験を理論的にまとめた好著である。平和、環境保全、再生可能エネルギーの運動が、地域の特性を生かしながら、世代を超えて展開されてきたことは、多くの人々に「やればできる」という励ましを与えるであろう。それは社会を地域から変えていこうという重要なメッセージになっている。多くの人に一読を勧めたい。

（まきの　ひろよし・元阪南大学・哲学）

編集後記

コロナ危機の中で、関西唯物論研究会もオンライン研究会を続けています。本号では二〇二〇年秋から二〇二一年春の研究会活動の成果を掲載しています。

特集では、ヘーゲル、ベートーヴェン、エンゲルスの生誕記念の年の一年遅れになりましたが、それを記念する論文を掲載しています。

牧野論文では、ヘーゲル哲学とエンゲルスとの関係を、哲学の根本問題、弁証法の方法と体系、および富と貧困の矛盾にかかわる問題から論じています。

山口論文では、コロナ禍の中で、ベートーヴェンの第九交響曲の意義を考え、「歓喜の歌」の旋律の系譜、およびシラーの詩にかかわる問題を論じています。

個別論文でも、コロナ禍が明らかにした社会の矛盾や、日本の歴史的不正義を問う論文、気候変動からマルクスを考え直す論考などが寄せられています。

上瀧論文は、コロナ危機の進行の中で、改めて自然と人間と共生の問題を考え、経済活動の停止が与える雇用などへの深刻な影響を明らかにし、格差の拡大や、保健・医療体制などの社会の脆弱性を論じています。

伊勢論文は、アパルトヘイトや戦時性暴力被害など、歴史的不正義から正義を取り戻す運動を考察し、被害者が「語る主体」となる意義を論じています。

倉橋論文は、レオン『反日』を手掛かりとして、中国や韓国、日本における「反日」の意味を考え、日本における脱植民地主義の失敗の問題を論じています。

百木論文は、斎藤幸平『人新世の「資本論」』が提起する「脱成長コミュニズム」の意義を考えるとともに、同著が重視する晩期マルクスの共同体研究を受け継ぐ視点から、日本の共同体論を論じています。

小野論文は、ロシア語文献にも依りながら、感情を育てる教育は民主的人格を形成する課題の一環であるという視点から、感情教育の課題を論じています。

市川研究ノートは、旧ソ連においてブハーリンの「均衡論」が批判されたが、その後の彼の技術論を紹介して、その弁証法の長所・短所を論じています。

今年七月に逝去された益川敏英さんは関西唯物論研究会創立の呼びかけ人の一人でした。物理学者の菅野礼司さんに追悼文を執筆していただきました。

また、会員の著作の二点について書評を掲載しています。

（Ｍａｋ）

唯物論と現代　第六四号
ヘーゲル、ベートーヴェン生誕二五〇年
エンゲルス生誕二〇〇年

二〇二一年一〇月三〇日発行

編　集　関西唯物論研究会
発行人　伊　勢　俊　彦
発行所　図書出版　文理閣

〒600―8146
京都市下京区七条河原町西南角
電　話　075(351)7553
ＦＡＸ　075(351)7560

ISBN 978-4-89259-898-2

『唯物論と現代』投稿規定

(1) 関西唯物論研究会の会員は、『唯物論と現代』に次に掲げる原稿を投稿することができる。

1. 論文（注および図表も含めて、16,000字以内）
2. 研究ノート（注および図表も含めて、12,000字以内）
3. 評論・エッセイ（8,000字以内）
4. 『唯物論と現代』掲載論文に対する意見（800字以内）
5. 会の活動に関する提案（800字以内）

(2) 投稿原稿は、未発表のものに限る。

(3) 投稿にあたっては、ワードまたはPDFファイルを編集委員会宛に電子メールで送付する。執筆者の氏名、住所、所属、メールアドレス、電話番号を明記する。

(4) 投稿原稿は、編集委員会で審査する。不採用の場合、編集委員会は原稿を消去する。

投稿先　関西唯物論研究会編集委員会
電子メールアドレス：tit03611@lt.ritsumei.ac.jp

（2019年3月16日改正）

『唯物論と現代』執筆要領

1. 原稿はワードまたはPDFファイルとする。
2. 原稿冒頭に表題、執筆者名を明記し、原稿の最後に括弧書きで、執筆者名のひらがな、所属、専門を記入する。
3. 印刷は縦書きであるが、原稿は縦書きでも横書きでもよい。
4. 注は番号を付けて、原稿の末尾にまとめる。
5. 引用文献･参考文献は、著者名、論文･雑誌名または著書名、発行所、発行年（雑誌は年月）、を明記する。
6. 校正は著者校正を2回行う。

（2019年3月16日制定）